Zeitformen

Vergangenheit

Gegenwart

Zukunft

üben und festigen

Kopiervorlagen mit Lösungen

Saskia Kistner

Verlag an der Ruhr

Impressum

Titel
Zeitformen üben und festigen
Kopiervorlagen mit Lösungen

Autorin
Saskia Kistner

Titelbildmotiv
@ piai – Stock.adobe.com

Illustrationen
wenn nicht anders angegeben: Eva Spanjardt

Druck
Heenemann GmbH & Co. KG, Berlin, DE

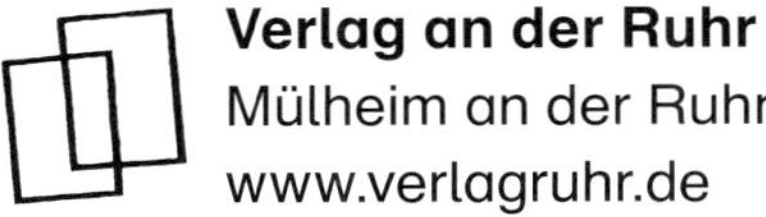

Verlag an der Ruhr
Mülheim an der Ruhr
www.verlagruhr.de

Geeignet für die Klassen 3–5

ISBN 978-3-8346-6472-3

Inhaltsverzeichnis

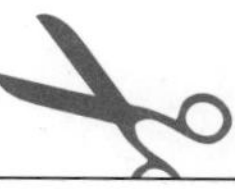

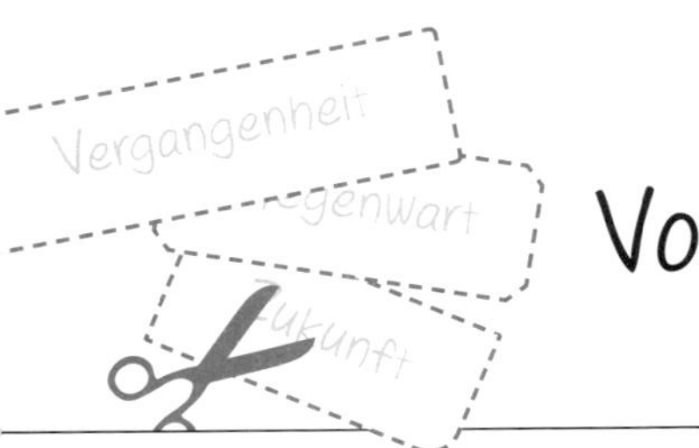

Vorwort

Das vorliegende Material befasst sich mit den Zeitformen des Verbs, besonders mit den Zeiten Präteritum, Perfekt und Futur I, wobei das Präsens auch stets eine Rolle spielt. Das Präsens speziell wird allerdings nicht erarbeitet, da dies meist bei der Bearbeitung der Wortart Verben schon geschehen ist. So haben die Kinder in der Regel bereits Verben konjugiert und können Sätze im Präsens problemlos bilden. Da ich das Futur II in dieser Mappe nicht berücksichtige, habe ich auf den Arbeitsblättern auf die römische Ziffer „I" verzichtet. Auf den Arbeitsblättern steht also nur der Begriff „Futur". Da das Präteritum die Zeit ist, die die Kinder in ihrem bisherigen Sprachgebrauch kaum verwenden, fällt das Bilden dieser Zeit den Kindern am schwersten. Aus diesem Grund habe ich das Präteritum in zwei Blöcke aufgeteilt (vgl. Inhaltsverzeichnis, S. 3). So kann man mit Block I zunächst nur die Bearbeitung des Präteritums in den Mittelpunkt stellen, hier gibt es zahlreiche Arbeitsblätter. Unter anderem werden auch die schwierigen Verben „haben", „werden" und „sein" vertieft behandelt. Im Block II wird das Präteritum wiederholt und im direkten Anschluss kommen die Zeiten Perfekt und Futur I. Alle drei bzw. vier Zeiten werden dann in gemischten Übungen miteinander verbunden und gesichert. Den zweiten Block sollten Sie mit zeitlichem Abstand von mehreren Monaten oder auch einem Schuljahr einplanen.

Wie können die Materialien im Unterricht eingesetzt werden?

Zu Beginn empfiehlt es sich, die **Merkblätter** (S. 5, 26, 34) mit den Kindern genau zu besprechen. So können sie weitere Signalwörter sammeln und/oder weitere Verben in unregelmäßige und regelmäßige Verben einsortieren. Wichtig ist es auch, das Konjugieren in dieser Phase mit einigen Verben gemeinsam zu wiederholen und zu üben. Erfahrungsgemäß vergessen die Kinder sehr schnell, wie richtig konjugiert wird. In meiner praktischen Arbeit habe ich die Merkblätter (auch als Hausaufgabe) von den Kindern abschreiben lassen.

Zu den Kopiervorlagen **Verben beugen** (S. 16) und **Infinitivkärtchen** (S. 17) gibt es keine Arbeitsanweisungen, da ich den Umgang für Sie als Lehrkraft offen gestalten wollte. Sie können die Vorlagen beispielsweise so nutzen:

a) Bestimmte, für Sie wichtige Verben lassen Sie auf S. 16 noch einmal beugen.

b) Die Kinder wählen selbstständig Verben aus, die sie auf S. 16 beugen.

c) Die Kinder ziehen Infinitivkärtchen (S. 17) und beugen das gezogene Verb auf S. 16.

d) Kinder, die Schwierigkeiten mit dem Bilden des Präteritums haben, können auf S. 16 gezielt Verben beugen. Verzichten Sie dann dafür auf andere Arbeitsblätter.

e) Im Plenum, in Einzel- oder Gruppenarbeit, als Angebot in der Lerntheken-, Werkstatt- oder Wochenplanarbeit sind die Vorlagen ebenfalls einsetzbar.

Durch die **Lösungsseiten** (S. 55–71) müssen Sie keine Lösungen erstellen und eine Selbstkontrolle ist gut und einfach ermöglicht. Für einzelne Arbeitsblätter liegen keine Lösungen vor, da die Arbeitsergebnisse der Kinder unterschiedlich ausfallen werden.

Ich wünsche Ihnen viel Erfolg bei der Durchführung der Einheit „Zeitformen üben und festigen"!

Herzliche Grüße
Saskia Kistner

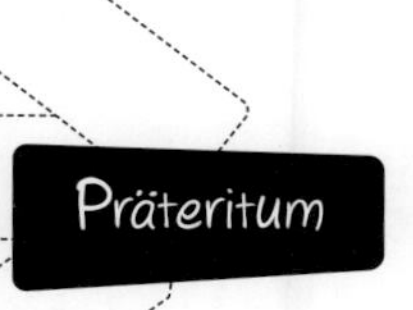

Merkblatt Präteritum

Präsens ist das Fachwort für die **Gegenwart**.
Du benutzt sie, wenn etwas **jetzt** passiert.

Beispiel: Ich **lese** eine spannende Geschichte.

Präteritum heißt die **1. Vergangenheit**.
Du benutzt sie, wenn etwas **aufgeschrieben** wird, das in der **Vergangenheit** passiert ist.

Beispiel: Ich **las** eine spannende Geschichte.

Wenn du die Sätze im Präsens und im Präteritum vergleichst, kannst du erkennen, dass sich nur das Verb verändert.

Das Verb verrät uns die Zeitform.

Zusätzlich gibt es oft noch **Signalwörter**, die dir beim Erkennen der Zeitform helfen.

Beispiele:
jetzt, im Moment, gerade, zurzeit
(Signalwörter Präsens oder Gegenwart)

gestern, vor drei Wochen, damals
(Signalwörter Präteritum oder Vergangenheit)

Es gibt regelmäßige und unregelmäßige Verben.
Im Präteritum wird bei **regelmäßigen Verben** ein „-te" als Endung an den Wortstamm angehängt.

Infinitiv (Grundform)	Präsens	Präteritum
spielen	er spielt	er spielte
malen	er malt	er malte

Im Präteritum verändert sich bei **unregelmäßigen Verben** der **Selbstlaut** im Wortstamm. Manchmal ändern sich sogar **Mitlaute** des Wortstammes.

Infinitiv (Grundform)	Präsens	Präteritum
biegen	er biegt	er bog
leiden	er leidet	er litt

Verben zuordnen

Lies den Text.
Die unterstrichenen Verben stehen im Präteritum (1. Vergangenheit).

Schreibe die Verben zu den passenden Infinitiven (Grundformen).

Daria und Luca waren schon seit dem Kindergarten beste Freunde. Sie trafen sich gerne auch nachmittags nach der Schule und verbrachten viel Zeit miteinander.
Meistens kletterten sie dazu in ihr Baumhaus und machten es sich dort mit ein paar Decken und Kissen gemütlich. Dort spielten sie stundenlang Karten- und Brettspiele.
Oft lasen sie aber auch gemeinsam spannende Geschichten über Tiere oder Vergangenes, wie die Steinzeit. Hier interessierte sie besonders, wie die Menschen damals lebten. Dass man damals tatsächlich ohne Strom und fließendes Wasser überleben konnte, fanden sie unvorstellbar.

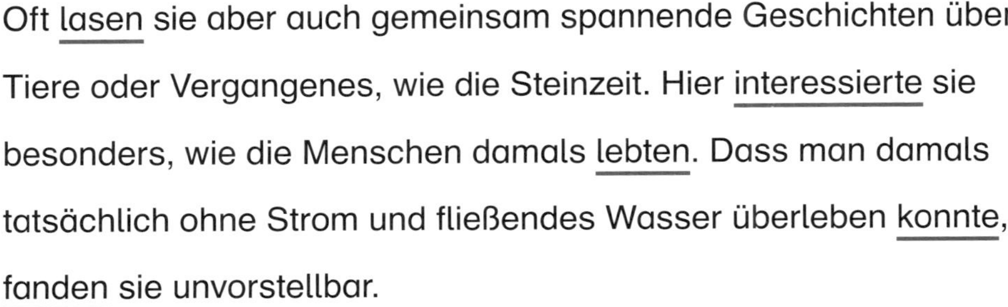

Immer wieder spazierten sie zusammen zur Stadtbücherei und holten sich neue Bücher. Manchmal übernachteten Daria und Luca auch in ihrem Baumhaus. Sie lagen dann in ihren kuschelig warmen Schlafsäcken und erzählten sich Gruselgeschichten bis tief in die Nacht.

Infinitiv	Präteritum
sein	
treffen	
verbringen	
klettern	
machen	
spielen	
lesen	
interessieren	

Infinitiv	Präteritum
leben	
können	
finden	
spazieren	
holen	
übernachten	
liegen	
erzählen	

© Verlag an der Ruhr | Autorin: Saskia Kistner | ISBN 978-3-8346-6472-3 | www.verlagruhr.de

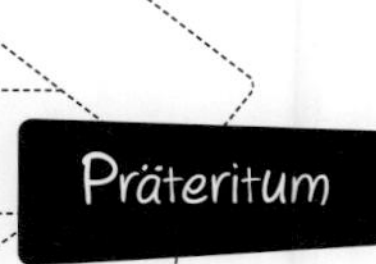

Verben finden

 **Lies den Text.**

 **Unterstreiche alle Verben. Sie stehen im Präteritum.**
Tipp: Du findest die Verben durch die Fragen „Was tat …?“ oder „Was taten …?“.

 **Schreibe die Verben zu den passenden Infinitiven.**

An einem besonders heißen Sonnentag gingen Paul und Maya an den Fluss. Dort sprangen sie mit großer Freude ins Wasser. Das Wasser platschte in alle Richtungen. Begeistert quietschten die Kinder über die Abkühlung. Sie spritzten sich gegenseitig nass. Plötzlich spürte Maya einen Stich in ihrem rechten Fuß. Sie schrie. Leicht schwankend, humpelte sie aus dem Wasser Richtung Ufer. In diesem Moment sah Paul, dass sie blutete. Er raste zu Maya und half ihr an Land. Eilig untersuchte Paul ihre Beine. Als er die Wunde an der Ferse entdeckte, holte er rasch ein Pflaster. Zum Glück hatte er immer welche im Rucksack. Paul versorgte die Wunde vorsichtig. Erleichtert liefen die Kinder dann nach Hause.

Infinitiv	Präteritum
gehen	
springen	
platschen	
quietschen	
spritzen	
spüren	
schreien	
humpeln	
sehen	

Infinitiv	Präteritum
bluten	
rasen	
helfen	
untersuchen	
entdecken	
holen	
haben	
versorgen	
laufen	

© Verlag an der Ruhr | Autorin: Saskia Kistner | ISBN 978-3-8346-6472-3 | www.verlagruhr.de

Die Verben „haben“ und „werden“

Die Verben „haben“ und „werden“ musst du dir besonders gut merken.
Du findest sie durch die Fragen „Was tat …?“ oder „Was taten …?“ *nicht* heraus.
Es sind **unregelmäßige Verben**.

Schreibe die Tabellen in dein Heft und lerne sie auswendig.

haben	
Präsens	**Präteritum**
ich habe	ich hatte
du hast	du hattest
er/sie/es hat	er/sie/es hatte
wir haben	wir hatten
ihr habt	ihr hattet
sie haben	sie hatten

werden	
Präsens	**Präteritum**
ich werde	ich wurde
du wirst	du wurdest
er/sie/es wird	er/sie/es wurde
wir werden	wir wurden
ihr werdet	ihr wurdet
sie werden	sie wurden

Fülle den Lückentext im Präteritum aus.

Schon ein paar Tage .... (üben) die Kinder die Uhrzeiten in der Schule. Herr Weiße .... (malen) dafür eine riesige Uhr an die Tafel. Sie .... (haben) große, magnetische Zeiger. Immer wieder .... (werden) durch Herrn Weiße erklärt, wie man die Zeit ablesen muss. Heute .... (haben) er einen Stapel Kartonpapier dabei. Daraus .... (basteln) alle Lernuhren. Die Uhren .... (haben) Zeiger in zwei Farben: rot für die Stundenzeiger und blau für die Minutenzeiger. Mit ihnen .... (können) die Kinder üben, die Stunden und Minuten richtig einzustellen. Jeden Tag .... (werden) das leichter. Viele Kinder .... (haben) auch eine Armbanduhr. Sie .... (werden) auch zum Ablesen der Zeit benutzt. „Du .... (haben) Recht, dass viel Üben hilft!“, ... (rufen) Kira freudig, als ihr Vater sie heute von der Schule .... (abholen). Das Lächeln ihres Vaters .... (werden) da noch größer.

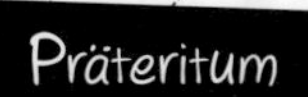

Das Verb „sein“

Das Verb „sein“ musst du dir besonders gut merken.
Du findest es durch die Fragen „Was tat ...?“ oder „Was taten ...?“ *nicht* heraus.
Auch sind die Personalformen des **unregelmäßigen Verbs** unterschiedlich.

 **Schreibe die Tabelle in dein Heft und lerne sie auswendig.**

sein	
Präsens	**Präteritum**
ich bin	ich war
du bist	du warst
er/sie/es ist	er/sie/es war
wir sind	wir waren
ihr seid	ihr wart
sie sind	sie waren

Die Sätze unten stehen alle im Präsens.

 **Unterstreiche alle Verben.**

 **Schreibe die Sätze im Präteritum in dein Heft und unterstreiche auch hier alle Verben.**

Ich bin direkt neben dir.

Sie sind manchmal ungeduldig.

Du bist als Erster am Bahnhof.

Ihr seid oft zu spät dran.

Am Morgen ist er besonders durstig.

Nach dem Training sind wir müde.

Hinter dem Rathaus ist der Supermarkt.

Seid ihr beim Klettergerüst?

Aufgaben-Icon(s): © Verlag an der Ruhr; Klettergerüst: © Eva Spanjardt

© Verlag an der Ruhr | Autorin: Saskia Kistner | ISBN 978-3-8346-6472-3 | www.verlagruhr.de

Die Verben „haben", „sein", „werden"

Die Verben „haben", „sein" und „werden" musst du dir besonders gut merken.
Du findest sie *nicht* durch die Fragen „Was tat …?" oder „Was taten…?" heraus.

 **Beuge die Verben „haben", „sein" und „werden" im Präteritum.**

 **Schreibe sie in dein Heft.**
Schreibe so:

haben: ich hatte
du hattest
er/sie/es …

Die folgenden Sätze stehen alle im Präsens.

 **Unterstreiche alle Verben.**

 **Schreibe die Sätze im Präteritum in dein Heft und unterstreiche auch hier alle Verben.**

Ich habe ein neues Buch.

Die Aufregung wird immer größer.

Hast du ausreichend Buntstifte?

Ihr habt viele Katzen.

Wir sind am Lagerfeuer.

Tom ist sehr nervös.

Die Kinder werden hungrig.

Die Eltern haben eine Überraschung für uns.

Du bist zu tief im Wasser.

Seid ihr glücklich?

Ich bin sehr enttäuscht.

© Verlag an der Ruhr | Autorin: Saskia Kistner | ISBN 978-3-8346-6472-3 | www.verlagruhr.de

Verben eintragen (1/2)

 **Unterstreiche alle Verben.**

 **Schreibe die Verben mit dem Infinitiv in die Tabelle.
Verben, die doppelt vorkommen, musst du nur einmal eintragen.**

Morgens erwachte ich ganz aufgeregt. Es war ein ganz besonderer Tag für mich. Sofort sprang ich aus dem Bett. Ich aß mein Frühstück so schnell ich konnte. Dann starteten wir endlich. Umut und Mia warteten schon am Ende der Straße auf meinen Bruder und mich. Sie waren genauso aufgeregt und grinsten. So schwangen wir uns früh morgens auf unsere Fahrräder und radelten zum Stadtsee. Dort stand schon unsere Trainerin. Heute durften wir endlich allein im Ruderboot auf den See. Kurz erklärte sie uns noch mal alle Regeln und Bewegungsabläufe. Dann stiegen wir in das Viererboot. Unsere Trainerin stieß uns vom Steg ab. Zuerst ruderten wir langsam. Immer besser gelang es uns, die Ruder ins Wasser zu tauchen. Unser Boot glitt ruhig dahin. Es machte uns großen Spaß. Wir fuhren vier Runden. Nun steuerten wir wieder zum Steg. Dort lobte die Trainerin uns sehr.

Präteritum	Infinitiv	regelmäßiges Verb	unregelmäßiges Verb
erwachte	erwachen	x	

Präteritum	Infinitiv	regelmäßiges Verb	unregelmäßiges Verb

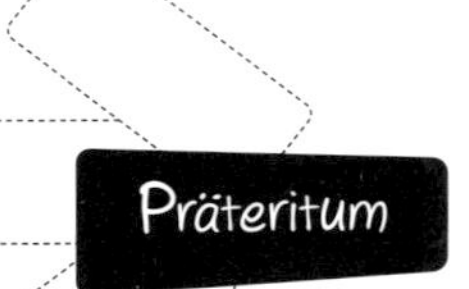

Verben eintragen (2/2)

 **Unterstreiche alle Verben.**

 **Schreibe die Verben mit dem Infinitiv in die Tabelle.**

In den Sommerferien schlichen Ben und Janne eines Morgens aus dem Haus. Die beiden Kinder tapsten in Richtung Fluss. Dort lag ihr neu gebautes Floß am Ufer. Es wartete auf seine erste Fahrt. Janne setzte sich und Ben schob das Floß mit voller Kraft ins Wasser. Sofort erfasste die Strömung das Boot. Ben juchzte laut. Janne dagegen machte sich Sorgen. Ein Stück weiter waren Stromschnellen im Wasser. Schon erreichten sie die gefährliche Stelle. Das Floß ruckelte und knallte gegen einen Felsen. Die Kinder purzelten kopfüber ins Wasser. Prustend schleppten sich die Kinder an Land. Das Floß verschwand hinter der nächsten Kurve. Klatschnass liefen die beiden nach Hause und beichteten ihren Eltern ihr gefährliches Abenteuer.

Präteritum	Infinitiv	regelmäßiges Verb	unregelmäßiges Verb
schlichen	schleichen		x

Präteritum	Infinitiv	regelmäßiges Verb	unregelmäßiges Verb

© Verlag an der Ruhr | Autorin: Saskia Kistner | ISBN 978-3-8346-6472-3 | www.verlagruhr.de

Präsens und Präteritum trennen (1/2)

Präteritum

Hier sind zwei Texte ineinandergeraten!
Ein Text steht im Präsens, der andere Text im Präteritum.

 **Lies dir das Durcheinander durch.**

 **Unterstreiche die Verben im Präsens gelb.**

 **Unterstreiche die Verben im Präteritum blau.**

 **Schneide die Textstreifen aus.**

 **Sortiere die Textstreifen und lege die zwei Texte richtig zusammen.**

 **Klebe den Präsens-Text und dann den Präteritum-Text ins Heft.**

Juri und Lia sind heute das erste Mal im Kletterkurs. Aufgeregt schlüpfen sie in die

---

Letzten August war Familie Joryk in Südtirol. Sie wohnten auf einem Bergbauernhof. Dort hatten sie jeden Morgen

---

sie mit dem Seil sichert. Lia traut sich, anzufangen, und klettert vorsichtig los. Sie setzt die Hände und Füße immer wieder auf neue Griffe. Schon ist sie oben und gibt das Kommando zum Abseilen.

---

einen fantastischen Blick in die Berge. Täglich machten sie eine Wanderung. Manchmal waren die Wege sehr felsig und alle mussten

---

Kletterschuhe. Diese kann man ausleihen. Robert, der Trainer, erklärt, dass die Schuhe

---

Unten angekommen, klatscht Juri sie ab: „Gut gemacht!“

---

ganz eng am Fuß sitzen. Danach hilft er den beiden, die Klettergurte anzulegen. Nun stehen sie schon vor der Kletterwand. Robert bespricht mit ihnen, wie er

---

über die Stadt und die Landschaft. Alle waren begeistert und freuten sich. Beim Abstieg machten sie Rast in einer Hütte und aßen Kaiserschmarren.

---

vorsichtig sein. So wanderte Familie Joryk einmal bis auf die Mutspitze. Dieser Gipfel lag oberhalb der Stadt Meran und bot einen herrlichen Blick

---

© Verlag an der Ruhr | Autorin: Saskia Kistner | ISBN 978-3-8346-6472-3 | www.verlagruhr.de

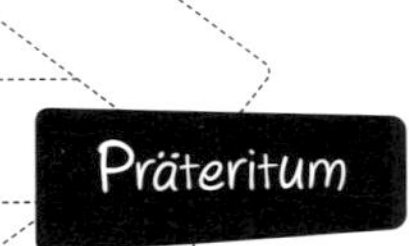

Präsens und Präteritum trennen (2/2)

Hier sind zwei Texte ineinandergeraten.
Ein Text steht im Präsens, der andere Text im Präteritum.

Lies dir das Durcheinander durch.

Unterstreiche die Sätze im Präsens gelb.

Unterstreiche die Sätze im Präteritum grün.

Schreibe zuerst alle Sätze ins Heft, die im Präsens stehen.

Schreibe dann alle Sätze ab, die im Präteritum stehen.

Elena hatte letzte Woche Geburtstag. Heute hilft Paolo seiner Tante Inka im Garten. Schon zum Frühstück bekam sie Schokokuchen. Zusammen buddeln sie alte, abgestorbene Pflanzen aus und werfen sie auf den Kompost. In der Schule sang ihre Klasse „Zum Geburtstag viel Glück“. Nachmittags gab es eine Party. Aufgeregt stand Elena um 14 Uhr am Fenster und blickte zur Straße. Das ist anstrengender, als Paolo erwartet hat. Nach einer Stunde sind sie fertig und machen eine Pause mit Wasser und Käsebroten. Endlich kamen ihre Gäste! Mit Nio, Tara, Gustav und Carlo spielte sie viele lustige Spiele. Nun lockern sie den Boden auf und fügen frische Erde hinzu. In einer Pause ließen sich alle Apfelkuchen und Limonade schmecken. Inka holt die Tüte mit den Tulpenzwiebeln. Vorsichtig setzt sie die Zwiebeln in die Erde. Danach führte eine Schatzkarte die Kinder auf den Spielplatz. Eine Tüte reicht nicht, deshalb besorgt Paolo mit dem Fahrrad schnell im Baumarkt noch zwei Tüten. Unter einer alten Eiche lag eine kleine Holzkiste. Um 18 Uhr sind sie fertig. Darin fanden sie für jedes Kind eine Vogelpfeife. Das war ein schöner Abschluss der Party.
Als Dankeschön schenkt Inka ihrem fleißigen Helfer ein neues Taschenquiz über Waldtiere.

© Verlag an der Ruhr | Autorin: Saskia Kistner | ISBN 978-3-8346-6472-3 | www.verlagruhr.de

Präteritum

Unregelmäßige Verben

Schneide die einzelnen Teile an den gestrichelten Linien aus.

Finde zum Infinitiv die passende Personalform und lege das Domino. Beginne mit Start.

Klebe das Domino auf ein leeres Blatt.

Start	sprechen	es floss	dürfen	sie mochten	raten
du schlugst	trinken	ihr fandet	essen	sie aßen	geben
ich gab	gehen	ihr schwammt	mögen	wir halfen	können
wir sahen	gefallen	er rannte	schwimmen	er tat	sitzen
ich ging	helfen	er riet	reiben	du riebst	tragen
sie sprangen	sehen	du wusstest	tun	ihr konntet	rennen
wir saßen	lesen	ihr last	fließen	wir begannen	denken
es gefiel	singen	sie ritten	schlagen	sie trug	wissen
ich trank	springen	wir durften	reiten	er sprach	beginnen
du dachtest	finden	du sangst	vergessen	er vergaß	Ende

© Verlag an der Ruhr | Autorin: Saskia Kistner | ISBN 978-3-8346-6472-3 | www.verlagruhr.de

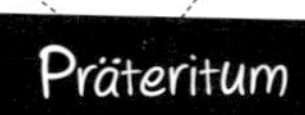

Verben beugen

Infinitiv: ....
ich
du
er/sie/es
wir
ihr
sie

Infinitiv: ....

Infinitiv: ....

Infinitiv: ....

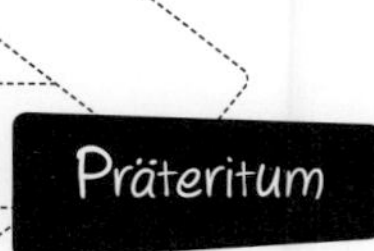

Infinitivkärtchen

(Einsatzmöglichkeiten für diese Seite und die Seite 16 siehe Vorwort S. 4.)

Infinitiv: **holen**	Infinitiv: **sein**
Infinitiv: **spielen**	Infinitiv: **werden**
Infinitiv: **warten**	Infinitiv: **haben**
Infinitiv: **kochen**	Infinitiv: **schwimmen**
Infinitiv: **suchen**	Infinitiv: **essen**
Infinitiv: **reden**	Infinitiv: **schreiben**
Infinitiv: **malen**	Infinitiv: **sehen**
Infinitiv: **schimpfen**	Infinitiv: **nehmen**
Infinitiv: **heißen**	Infinitiv: **sprechen**
Infinitiv: **fahren**	Infinitiv: **lassen**

Sätze bilden (1/2)

Bilde aus den Wörtern sinnvolle Sätze.
Achtung, die Verben stehen im Infinitiv! Verändere sie.

Schreibe die Sätze im Präsens und Präteritum auf.

1) Sonnencreme – sein – wichtig – für den Körper – im Sommer

Präsens: ....

Präteritum: ....

2) die jungen Hasen – füttern – täglich – Lina

Präsens: ....

Präteritum: ....

3) Felix und Max – auf die Hefte – viele Sticker – kleben

Präsens: ....

Präteritum: ....

4) ein Kind – eine Mütze – tragen – manchmal

Präsens: ....

Präteritum: ....

5) haben – einen langen Hals – Schwäne – immer

Präsens: ....

Präteritum: ....

6) Kleidungsstücke – bei Festen – oft schick – sein

Präsens: ....

Präteritum: ....

© Verlag an der Ruhr | Autorin: Saskia Kistner | ISBN 978-3-8346-6472-3 | www.verlagruhr.de

Sätze bilden (2/2)

Bilde aus den Wörtern sinnvolle Sätze.
Achtung, die Verben stehen im Infinitiv. Verändere sie.

Schreibe die Sätze im Präsens und Präteritum auf.

1) sein – Geschichten – bei Groß und Klein – beliebt

Präsens: ....

Präteritum: ....

2) lustige Lieder – Adam und Jala – singen – am Lagerfeuer – oft

Präsens: ....

Präteritum: ....

3) mit Kreide – man – malen – auf einer Tafel

Präsens: ....

Präteritum: ....

4) gehören – diese Schuhe – meinem Opa

Präsens: ....

Präteritum: ....

5) vom Leben der Ritter – berichten – die alten Bücher

Präsens: ....

Präteritum: ....

6) zu Hause – Toni – den Hausschlüssel – vergessen

Präsens: ....

Präteritum: ....

© Verlag an der Ruhr | Autorin: Saskia Kistner | ISBN 978-3-8346-6472-3 | www.verlagruhr.de

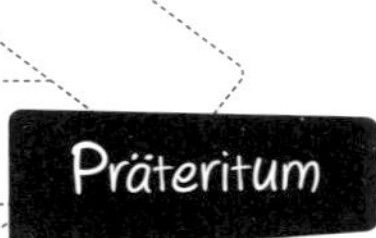

Einen Text umschreiben (1/4)

 **Der Text steht im Präsens. Die Verben sind unterstrichen.**

 **Schreibe jeweils das Verb im Präteritum darüber.**

war

Es ist ein besonders langweiliger Morgen auf dem Bauernhof Nowak. Die Eltern sind im Stall und versorgen die Kühe und Schafe. Nio und Pia spielen schon seit Stunden miteinander Ball. Doch langsam, aber sicher wird ihnen auch das langweilig. Die beiden Kinder nicken und verschwinden zu den Pferdekoppeln. Sie springen auf ihre Pferde und reiten in Richtung Wald. Am Bach auf der nächsten Wiese stoppen sie und tränken die Pferde. Pia hat eine tolle Idee: ein Wettrennen zum großen Baum. Nio gefällt das. Also gibt er das Startsignal. Schnell wie der Wind preschen sie über die Wiese und den Feldweg entlang. Man sieht nur noch eine Staubwolke. Auf einmal hüpft ein Kaninchen vor ihnen über den Weg und erschreckt Akiro, Pias Pferd. Es springt zur Seite und Pia stürzt auf den Boden. Zum Glück landet sie weich im Gras. Wütend verfolgt das Mädchen ihr flüchtendes Pferd. Nio schüttelt sich vor Lachen und nimmt auch die Verfolgung auf. Nach wenigen Minuten sehen sie Akiro am Waldrand. Ruhig steht er da und frisst Gras. So kann der Ausritt weitergehen.

© Verlag an der Ruhr | Autorin: Saskia Kistner | ISBN 978-3-8346-6472-3 | www.verlagruhr.de

Einen Text umschreiben (2/4)

 **Der Text steht im Präsens. Unterstreiche alle Verben.**

Schreibe jeweils das Verb im Präteritum darüber.

erwachte

Mitten in der Nacht erwacht Finn. Irgendetwas ist komisch. Erst weiß er gar nicht warum. Dann hört er Wind, Donner und heftigen Regen. Vorsichtig schleicht er zum Fenster. Er beobachtet den wilden Sturm. Plötzlich kracht es und ein Blitz erhellt den Himmel. Er schlägt in die alte Eiche der Nachbarn ein. Die Flammen schlagen schnell meterhoch. Finn kreischt lauthals und gibt so Alarm. Schon kommen seine Eltern ins Zimmer. Entsetzt schauen alle in die Flammen. Finns Vater bleibt ruhig. Rasch holt er sein Handy und ruft die Feuerwehr. Die Mutter beruhigt Finn und streicht ihm über den Kopf. Sanft redet sie mit ihm. Da braust auch schon die Feuerwehr mit ihrem Löschfahrzeug um die Ecke. Routiniert entrollen sie den Wasserschlauch und löschen das Feuer. Die Eiche ist komplett zerstört. Zum Glück steht sie weit weg vom Haus der Nachbarn. So ist das Haus geschützt. Die Nachbarn sind seit einer Woche im Urlaub. Deshalb informiert Finns Vater sie am nächsten Tag. So wissen sie Bescheid und erleben keine unerwartete Überraschung bei der Heimkehr.

© Verlag an der Ruhr | Autorin: Saskia Kistner | ISBN 978-3-8346-6472-3 | www.verlagruhr.de

Einen Text umschreiben (3/4)

Der Text steht im Präsens.

 **Schreibe ihn im Präteritum in dein Heft und unterstreiche die Verben.**

In der Schule spricht die Klasse heute über Hobbys.
Viele Kinder sind im Sportverein. Dort spielen zwei Jungen und zwei Mädchen Basketball. Elif wirft die meisten Körbe. In der Turngruppe lernen sechs Kinder Körperbeherrschung und üben akrobatische Kunststücke, wie Handstand. Wanda, Sina, Franco, Quirin und Coco sehen sich einmal die Woche beim Handwerkskurs. Dort töpfern sie, bearbeiten Specksteine und stellen Gegenstände aus Holz her. Zaki trifft sich zum Kochen und Backen oft mit Lara. Süßspeisen wie Pfannkuchen lieben sie. Zaki kennt von seiner Oma einige Tricks. Der Pfannkuchen wird durch Eischnee fluffig. Am Ende des Unterrichts herrscht Einigkeit. Ihre Hobbys bringen neue Erfahrungen und oft findet man dabei neue Freunde und Freundinnen.

Fülle den Lückentext im Präteritum aus.

Am Freitag .... (kommen) Finja zu Besuch. Bastian .... (schnitzen) an seinen neuen Pfeilen. Die Kinder .... (gehen) gerne hinter den Schuppen und .... (üben) dort mit Pfeil und Bogen. Die stumpfen Äste .... (liegen) schon neben ihm. Es .... (sein) harte Arbeit. Schon lange .... (benötigen) er neue Pfeile. Ihr letztes Treffen .... (sein) vor drei Wochen. Denn Finja .... (wohnen) leider zwei Stunden entfernt. Nach drei neuen Pfeilen .... (beenden) Bastian seine Arbeit. Da .... (hören) er ein Hupen. Voller Freude .... (springen) er zur Straße. Endlich .... (sein) Finja da! Sofort .... (rennen) sie in den Garten. Schnell .... (entstehen) ein Wettstreit unter den Kindern. Aber wie immer .... (haben) sie viel Spaß und .... (behandeln) sich fair.

Einen Text umschreiben (4/4)

Der Text steht im Präsens.

 **Schreibe ihn im Präteritum in dein Heft und unterstreiche die Verben.**

Es ist ein regnerischer Herbsttag. Nino und Kea sitzen vor dem Fernseher und schauen einen Film. Doch bald ist ihnen langweilig und sie werden schläfrig. Da springt Nino auf. Er hat eine Idee. „Lass uns Kekse backen“, schlägt er vor. Kea stimmt zu. Rasch holen sie ein Backbuch und lesen das Rezept. Ein paar Zutaten fehlen. Mit den Rollern düsen sie zum Supermarkt und kaufen ein. Zurück zu Hause wiegen sie alles ab. Sie rühren den Teig, rollen ihn aus und stechen die Kekse aus. Nun kommt alles für 15 Minuten in den Ofen. Danach kühlen sie die Kekse auf einem Backgitter. Zum Schluss bestreichen die Kinder die Kekse mit flüssiger Schokolade und verzieren sie mit bunten Schokolinsen. Nach kurzer Wartezeit probiert Kea einen Keks und schmunzelt glücklich. Auch Nino isst genüsslich einen Keks.

Fülle den Lückentext im Präteritum aus.

Am Wochenende .... (besuchen) Leo seinen Onkel Fabian im Krankenhaus. Er .... (klopfen) vorsichtig an der Zimmertür und .... (gehen) dann hinein. Lächelnd .... (sitzen) Fabian im Bett und .... (grüßen) ihn. Unter der Bettdecke .... (sein) eine dicke Rolle zu sehen. Denn Fabian .... (haben) wegen eines Autounfalls einen Gips am linken Bein. Leo .... (sein) froh, dass Fabian trotzdem gut gelaunt mit ihm .... (reden). Gemeinsam .... (lachen) sie über Geschichten, die Leo aus der Schule .... (erzählen). Da .... (kommen) ein Krankenpfleger herein und .... (kontrollieren) Fabians Blutdruck. Alles in Ordnung! Dann .... (bringen) eine Krankenschwester das Abendessen. Leo .... (dürfen) noch bleiben und Fabians Vanillepudding essen.

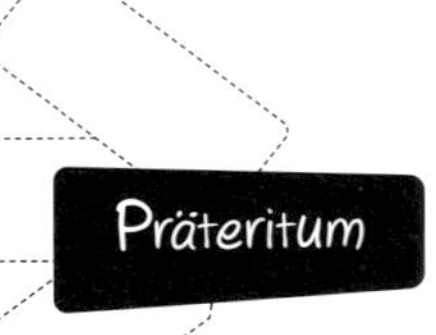

Kreuzworträtsel

Schreibe die Verben im Präteritum für die entsprechende Person in das Kreuzworträtsel.

Wichtig: ß bleibt ß!

21▾/1▸ w a r s t

1. du bist
2. wir gehen
3. ihr habt
4. sie essen
5. ich rede
6. er gibt
7. sie stellt
8. ich singe
9. wir reiten
10. sie fahren
11. ich niese
12. er mag
13. wir tanzen
14. du kannst
15. ich spiele
16. sie nimmt
17. ihr werdet
18. sie lassen
19. er liest
20. ich mache
21. ihr seid
22. wir verlassen
23. sie verpasst
24. du holst
25. sie schauen

© Verlag an der Ruhr | Autorin: Saskia Kistner | ISBN 978-3-8346-6472-3 | www.verlagruhr.de

Vorsilben

Im Präteritum werden Verb und Vorsilbe im Satz getrennt.
Beispiel: ausreiten → Emma <u>ritt</u> gerne <u>aus</u>.

 **Unterstreiche im Text die Verben im Präteritum. Achte auf Verben mit Vorsilben.**

 **Trage die Verben in die Tabelle ein.**

In den Ferien waren Lola und Vida im Zeltlager. Vida wartete vor dem Zelt auf Lola. Diese hatte einen fiesen Plan. In ihrer linken Hand hielt sie eine kleine Blindschleiche fest. Leise und vorsichtig schlich sie sich an. Vida schaute sich schon ungeduldig um. In diesem Moment hielt Lola ihr die Blindschleiche vor die Nase. Entsetzt schrie Vida auf. Sofort fuchtelte sie wild mit den Armen herum. Wütend rannte sie davon. Lola lachte sie aus. „Das war doch nur eine ungefährliche Blindschleiche!", schrie sie ihr hinterher.

Infinitiv	**Präteritum**

© Verlag an der Ruhr | Autorin: Saskia Kistner | ISBN 978-3-8346-6472-3 | www.verlagruhr.de

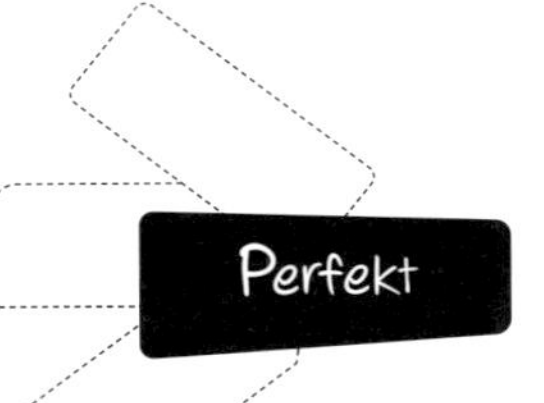

Merkblatt Perfekt

Perfekt heißt die **2. Vergangenheit**.
Sie wird auch **vollendete Gegenwart** genannt.
Benutzt wird sie, wenn von etwas **erzählt** wird, das in der Vergangenheit passiert ist und bereits abgeschlossen wurde.
Wenn du jemandem etwas erzählst, das gestern passiert ist, benutzt du also das Perfekt und meistens nicht das Präteritum.

Was würdest du eher sagen? Gestern **habe** ich Pizza **gegessen**.
Gestern **aß** ich Pizza.

Beides drückt aus, dass die Pizza bereits gegessen wurde. Es ist also in der Vergangenheit passiert. Der Unterschied besteht nur darin, dass man den ersten Satz erzählt und der zweite Satz eher benutzt wird, wenn man ihn aufschreibt.

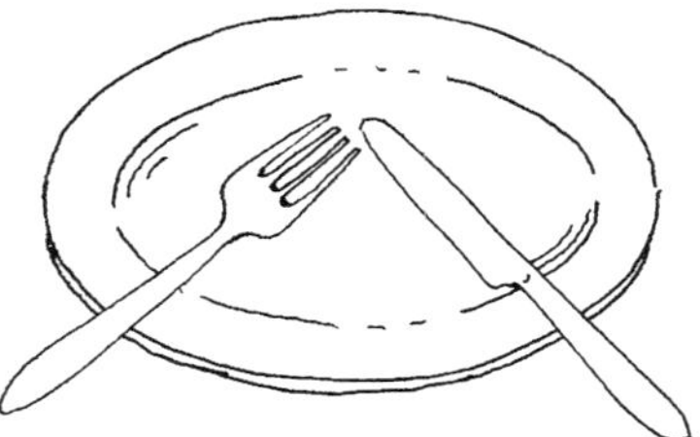

Das Perfekt bildest du aus einem **Hilfsverb** (haben oder sein) und dem **Partizip II**. Das Partizip II ist das Verb, das beschreibt, was geschieht. Es hat meistens die **Vorsilbe „ge-“**.

Beispiele: Letztens **bin** *(Hilfsverb)* ich zum Gitarrenunterricht **gegangen** *(Partizip II)*.

Gestern **habe** *(Hilfsverb)* ich mir ein neues Windspiel **gebastelt** *(Partizip II)*.

Die Verben in den verschiedenen Zeitformen:

Infinitiv	**Präsens**	**Präteritum**	**Perfekt**
spielen	er spielt	er spielte	er **hat ge**spielt
malen	er malt	er malte	er **hat ge**malt
fliegen	er fliegt	er flog	er **ist ge**flogen
rennen	er rennt	er rannte	er **ist ge**rannt

© Verlag an der Ruhr | Autorin: Saskia Kistner | ISBN 978-3-8346-6472-3 | www.verlagruhr.de

Perfekt

Verben zuordnen

Beim Perfekt werden nur die Hilfsverben „haben“ oder „sein“ gebeugt.
Das Partizip II bleibt immer gleich.

haben:	ich **habe** getanzt	wir **haben** getanzt
	du **hast** getanzt	ihr **habt** getanzt
	er/sie/es **hat** getanzt	sie **haben** getanzt
sein:	ich **bin** gewesen	wir **sind** gewesen
	du **bist** gewesen	ihr **seid** gewesen
	er/sie/es **ist** gewesen	sie **sind** gewesen

Gehört zu dem Verb das Hilfsverb „haben“ oder „sein“? Verbinde.

üben hüpfen finden lügen wachsen

glühen **haben** **sein** kriechen

denken kommen treffen lachen kochen

Suche dir vier Verben aus:
zwei mit dem Hilfsverb „haben“ und zwei mit dem Hilfsverb „sein“.
Beuge sie in deinem Heft. Unterstreiche die Hilfsverben.

© Verlag an der Ruhr | Autorin: Saskia Kistner | ISBN 978-3-8346-6472-3 | www.verlagruhr.de

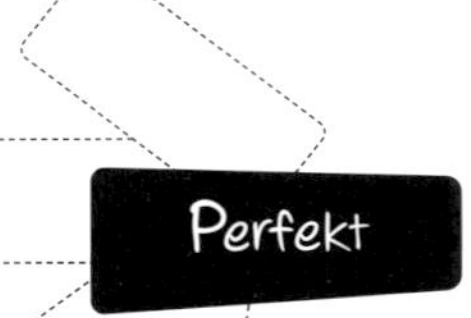

Sätze bilden

Lola erzählt von ihren Abenteuerferien im Zeltlager. Was hat Lola alles gemacht? Schreibe die Erlebnisse aus den Sprechblasen im Perfekt in dein Heft.

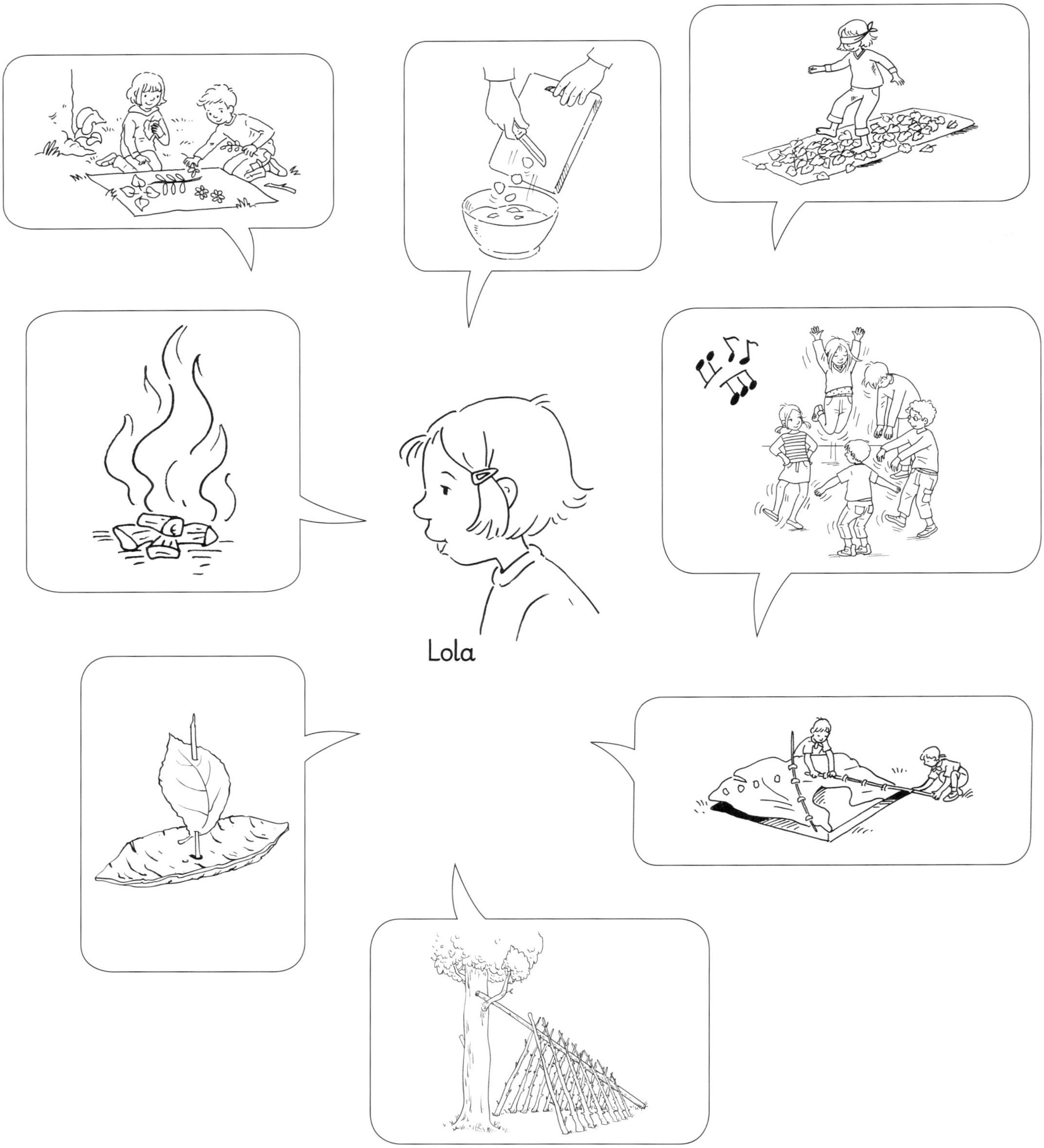

Lola

© Verlag an der Ruhr | Autorin: Saskia Kistner | ISBN 978-3-8346-6472-3 | www.verlagruhr.de

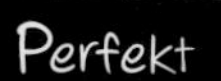

Lückentext

 **Fülle den Lückentext in der Zeitform Perfekt aus.**

Karim und Tilda sitzen mit ihrer Familie zusammen.
Opa berichtet aus seiner Kindheit:

Als ich 16 Jahre alt war, ... wir ein großes Familientreffen .... (haben).
Am Abend .... ich mit den Erwachsenen auf der Terrasse des Restaurants .... (sitzen).
Während ich mit den anderen den Geschichten meiner Großeltern .... (lauschen), ... meine kleinen Cousinen und Cousins heimlich zum See .... (schleichen).
Plötzlich .... wir lautes Geschrei .... (hören).
Schnell .... wir den Schreien .... (folgen) und .... die aufgeregten Kinder .... (entdecken).
Die Kinder .... verzweifelt auf den See .... (zeigen).
Ich .... einfach ins Wasser .... (rennen).
Ich .... (untertauchen) und .... einen Arm zu fassen .... (bekommen).
Mit meinem Cousin Fred unter dem Arm .... ich in Richtung Ufer .... (waten). Erleichtert .... seine Eltern ihn in die Arme .... (schließen).

© Verlag an der Ruhr | Autorin: Saskia Kistner | ISBN 978-3-8346-6472-3 | www.verlagruhr.de

Eine Tabelle ergänzen

Fülle die Tabelle vollständig aus.
Achte auf die unterschiedlichen Personalformen.

Infinitiv	Präteritum	Perfekt
gehen	er	er
	wir tanzten	
		ich bin gewesen
	sie kamen	
lesen	ich	
	du hattest	
fahren	wir	
	ihr suchtet	
		er hat befohlen
brennen	es	
		ich habe gewaschen
		du bist geworden
	sie legten	

© Verlag an der Ruhr | Autorin: Saskia Kistner | ISBN 978-3-8346-6472-3 | www.verlagruhr.de

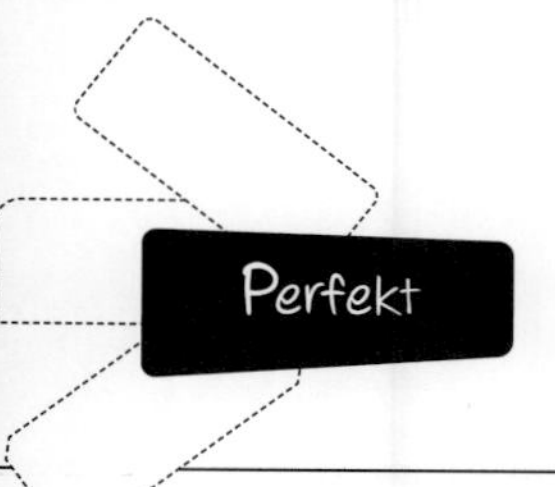

Präsens oder Perfekt? Spielanleitung

Du brauchst:

- mindestens 1 Partnerkind
- 1 Würfel
- das Spielfeld (S. 33)
- 1 Spielfigur pro Kind

So geht's:

Stellt eure Spielfiguren auf das Start-Feld des Spielfeldes. Das jüngste Kind beginnt und würfelt. Es zieht die entsprechende Zahl auf dem Spielfeld vorwärts. Es gibt zwei verschiedene Felder: Kommst du auf einen **leeren Kreis**, passiert nichts. Du bleibst einfach stehen und das nächste Kind ist an der Reihe. Kommst du auf eine **Sonne,** zieht das Kind rechts neben dir eine **Sonnen**-Karte. Hierauf stehen ein Verb und eine Zeitform (Präsens oder Perfekt).
Das Nachbarkind bildet mit diesem Verb einen Satz in der angegebenen Zeitform. Wenn dein Partnerkind den Satz im Präsens spricht, dann musst du das tun, was es dir sagt. Hörst du den Satz im Perfekt, musst du still sitzen bleiben.

Beispiel:

„Du läufst einmal um den Tisch."

→ (Hier musst du laufen.)

Perfekt:
singen

Abb.: © Eva Spanjardt

„Du hast ein wunderschönes Lied gesungen."

→ (Hier bleibst du still sitzen.)

Hast du falsch reagiert, musst du deine Spielfigur ein Feld zurückstellen.
Wer als Erstes das Ziel erreicht, gewinnt.

© Verlag an der Ruhr | Autorin: Saskia Kistner | ISBN 978-3-8346-6472-3 | www.verlagruhr.de

Präsens oder Perfekt? Spielkarten

Präsens: hüpfen Abb.: © Eva Spanjardt	Präsens: humpeln Abb.: © Eva Spanjardt	Präsens: flüstern Abb.: © Eva Spanjardt	Präsens: lachen Abb.: © Eva Spanjardt
Präsens: krabbeln Abb.: © Eva Spanjardt	Präsens: blinzeln Abb.: © Eva Spanjardt	Präsens: kratzen Abb.: © Eva Spanjardt	Präsens: tanzen Abb.: © Eva Spanjardt
Präsens: gähnen Abb.: © Eva Spanjardt	Präsens: robben Abb.: © Eva Spanjardt	Präsens: winken Abb.: © Eva Spanjardt	Präsens: brummen Abb.: © Eva Spanjardt
Perfekt: niesen Abb.: © Eva Spanjardt	Perfekt: stampfen Abb.: © Eva Spanjardt	Perfekt: trampeln Abb.: © Eva Spanjardt	Perfekt: pfeifen Abb.: © Eva Spanjardt
Perfekt: malen Abb.: © Eva Spanjardt	Perfekt: klatschen Abb.: © Eva Spanjardt	Perfekt: husten Abb.: © Eva Spanjardt	Perfekt: trinken Abb.: © Eva Spanjardt
Perfekt: seufzen Abb.: © Eva Spanjardt	Perfekt: schnipsen Abb.: © Eva Spanjardt	Perfekt: schreiben Abb.: © Eva Spanjardt	Perfekt: rechnen Abb.: © Eva Spanjardt

Präsens oder Perfekt?
Spielfeld

Ziel

Start

Sonne und Kinder: © Eva Spanjardt

 ISBN 978-3-8346-6472-3 | www.verlagruhr.de

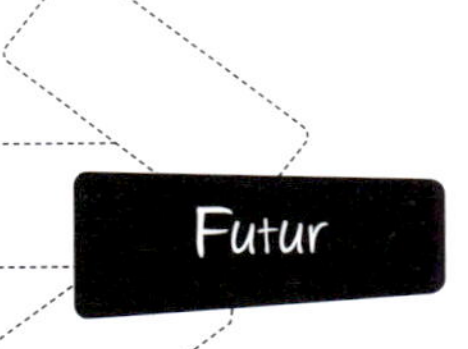

Merkblatt Futur

Futur ist ein anderes Wort für die Zeitform **Zukunft**.
Wenn du von etwas sprichst oder schreibst, das erst noch passieren wird, benutzt du das „Futur“.
Das Futur bildest du mit dem **Hilfsverb „werden“** und dem **Infinitiv** (Grundform) des Verbs, das beschreibt, was geschieht.

Beispiel: **Wirst** du mir ein Baumhaus **bauen**?
Wir **werden** neue Stifte **brauchen**.

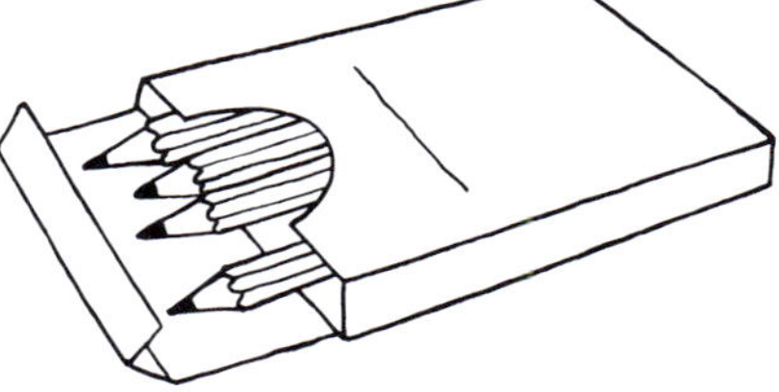

Viele **Signalwörter** verraten dir, dass ein Satz im Futur steht:

Beispiele: morgen, bald, in ein paar Tagen, in zwei Jahren, demnächst ...

Die Verben in den verschiedenen Zeitformen:

Infinitiv	**Präsens**	**Präteritum**	**Perfekt**	**Futur**
spielen	er spielt	er spielte	er hat gespielt	er **wird spielen**
malen	er malt	er malte	er hat gemalt	er **wird malen**
fliegen	er fliegt	er flog	er ist geflogen	er **wird fliegen**
rennen	er rennt	er rannte	er ist gerannt	er **wird rennen**

Stifte © Eva Spanjardt

Futur

Verben unterstreichen

Tarek wird bald ein Geschwisterchen bekommen und macht sich Gedanken.

 **Unterstreiche im Text das Futur.**

Ich werde gut für das Baby sorgen.

Wird Mama noch Zeit für mich haben?

Werden wir noch gemeinsam lesen?

Papa und ich werden einen Sandkasten bauen.

Morgen werde ich Mama das Frühstück machen.

Tante Jenni wird eine Decke für das Baby nähen.

Was für einen Namen wird das Baby wohl erhalten?

Ich werde ihm den Spielplatz zeigen.

Werden Mama und das Baby Geschenke bekommen?

Die Hebammen werden Mama bei der Geburt helfen.

Papa wird aufgeregt bei ihr sitzen.

Ich werde meine Eltern zu Hause unterstützen.

Ob das Baby gut schlafen wird?

© Verlag an der Ruhr | Autorin: Saskia Kistner | ISBN 978-3-8346-6472-3 | www.verlagruhr.de

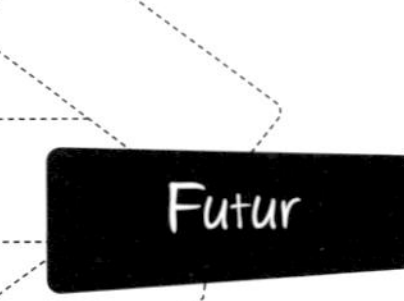

Eine Tabelle ergänzen

Trage die Verben von S. 35 in die Tabelle ein und fülle sie aus.

Benutze beim Präteritum immer die „er-Form".

Infinitiv	Präteritum	Futur
sorgen	er sorgte	werde sorgen
	er	
	er	
	er	
	er	
	er	
	er	
	er	
	er	
	er	
	er	
	er	
	er	

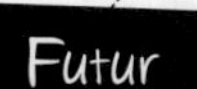

Lückentext

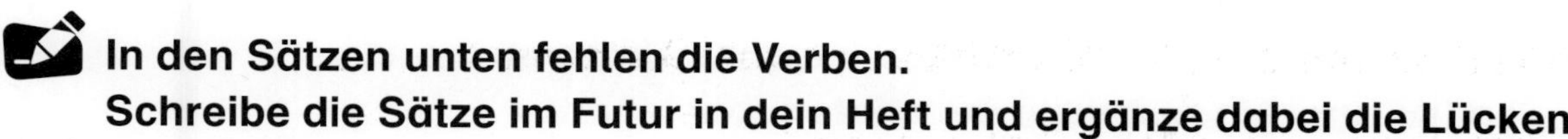

In den Sätzen unten fehlen die Verben.
Schreibe die Sätze im Futur in dein Heft und ergänze dabei die Lücken.

Unterstreiche die Verben.

Die Klasse 4 c ist im Schullandheim.
Ein paar Kinder stehen zusammen und planen einen Streich:

1 Wir … uns zum Nachbarzimmer … *(schleichen).*

2 Über unsere Köpfe … wir Bettlaken … *(ziehen).*

3 Lina … das Signal … (geben). Wir … mit großem Geheule die Tür … *(aufreißen).*

4 So … wir sie … (aufwecken). Dann … alle durch das Zimmer … *(tanzen).*

5 Die Jungen und Mädchen … dadurch … *(erschrecken).*

6 Vielleicht … jemand sogar aus dem Bett … (*purzeln*). Das … lustig … *(werden).*

7 Danach … wir in unser Zimmer … (*zurückgehen*). Bestimmt … alle den Rest der Nacht gut … (*schlafen*). Hoffentlich … uns der Lehrer nicht … (*hören*).

8 Sonst … wir sicher Ärger … (*bekommen*).

© Verlag an der Ruhr | Autorin: Saskia Kistner | ISBN 978-3-8346-6472-3 | www.verlagruhr.de

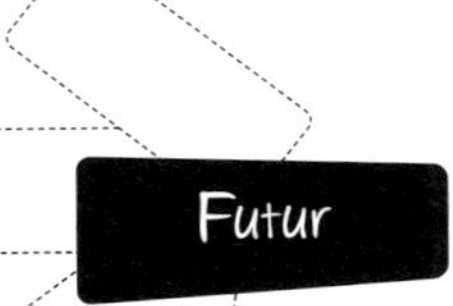

Signalwörter

Bilde mit den Satzteilen und Signalwörtern eigene Sätze im Futur.
Die Sätze sollen aus mindestens acht Wörtern bestehen!
Tipp: Signalwörter findest du auf dem Merkblatt Futur (S. 34).

Kennenlernspiele spielen   Tretboot fahren   Pferde füttern

Trampolin hüpfen   Katzen füttern   Radtour machen

Lieder singen   Geschichten erzählen

Bücher lesen   Kuchen backen   Vögel beobachten Abend

Morgen Abend werden alle Kinder zusammen viele Kennenlernspiele spielen.

Aufgaben-Icon(s): © Verlag an der Ruhr; Kinder © Eva Spanjardt

© Verlag an der Ruhr | Autorin: Saskia Kistner | ISBN 978-3-8346-6472-3 | www.verlagruhr.de

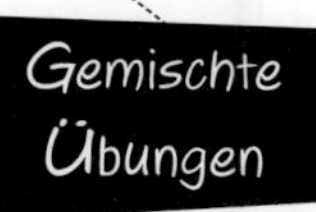

Die vier Zeiten (1/2)

Übertrage die Sätze in die verschiedenen Zeitformen.

Mathilda .... *(waschen)* ihre Haare.

Präsens	Mathilda wäscht ihre Haare.
Futur	Mathilda wird ihre Haare waschen.
Präteritum	
Perfekt	

.... *(kochen)* der Vater Gemüse?

Präsens	
Futur	
Präteritum	
Perfekt	

Wir .... *(essen)* in der Pause.

Präsens	
Futur	
Präteritum	
Perfekt	

Alle .... *(sein)* fröhlich.

Präsens	
Futur	
Präteritum	
Perfekt	

Die vier Zeiten (2/2)

Übertrage die Sätze in die verschiedenen Zeitformen.

Die Jungen .... *(spielen)* mit dem Hund.

Präsens	Die Jungen spielen mit dem Hund.
Futur	
Präteritum	
Perfekt	

.... *(sammeln)* das Mädchen Fußballkarten?

Präsens	
Futur	
Präteritum	
Perfekt	

Ihr .... *(kommen)* aber sehr spät.

Präsens	
Futur	
Präteritum	
Perfekt	

Du .... *(helfen)* beim Aufbau.

Präsens	
Futur	
Präteritum	
Perfekt	

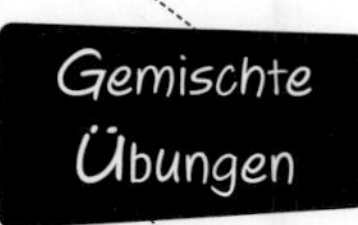

Lückensätze (1/2)

Fülle die Lücken mit den richtigen Verbformen aus.

Präsens

1. In der Morgensonne ....schimmert.... *(schimmern)* das Wasser.

2. Manchmal .... *(erzählen)* die Kinder Gruselgeschichten.

3. .... *(machen)* wir ein Fest?

4. Ihr .... *(sein)* dran, den Tisch zu decken.

Präteritum

1. Im Sommer .... *(sitzen)* er lange draußen.

2. Letztens .... *(sein)* wir am See.

3. Gestern .... *(besuchen)* uns die Nachbarn.

4. Ich .... *(müssen)* dringend meine Schuhe putzen.

Perfekt

1. .... du den Ball .... *(fangen)*?

2. Es .... sehr dunkel .... *(sein)*.

3. Die Pferde .... blitzschnell .... *(galoppieren)*.

4. Da .... ihr aber Glück .... *(haben)*.

Futur

1. Bald .... ihr Müll im Wald .... *(sammeln)*.

2. .... Nico die Spur .... *(finden)*?

3. .... du heute für uns .... *(tanzen)*?

4. Die Kinder .... aufgeregt .... *(sein)*.

© Verlag an der Ruhr | Autorin: Saskia Kistner | ISBN 978-3-8346-6472-3 | www.verlagruhr.de

Lückensätze (2/2)

 **Fülle die Lücken mit den richtigen Verbformen aus.**

Präsens

1. Zum Nachtisch .... *(geben)* es Eis.

2. .... *(holen)* du mir frisches Wasser?

3. .... *(singen)* wir am Abend?

4. Übermorgen .... *(kommen)* meine Freunde.

Präteritum

1. Ida .... *(fahren)* mit dem Bus.

2. .... *(sein)* die Schnitzeljagd erfolgreich?

3. Wir .... *(haben)* kein Glück.

4. Danach .... *(werfen)* er Steine ins Wasser.

Perfekt

1. Es .... mir .... *(gelingen)*.

2. Die Familie .... eine Reise .... *(unternehmen)*.

3. .... du Lotte .... *(fragen)*?

4. .... ihr auf den Baum .... *(klettern)*?

Futur

1. In zwei Tagen .... die Störche .... *(wiederkommen)*.

2. Elsa .... ihr Fahrrad .... *(putzen)*.

3. .... alle rechtzeitig da .... *(sein)*?

4. Du .... große Schwester .... *(werden)*.

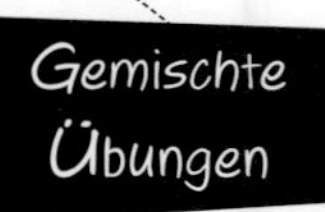

Lösungssatz

In welcher Zeitform steht der Satz?
Entscheide dich und kreise den entsprechenden Buchstaben ein.
Trage die Buchstaben der Reihe nach unten ein.
Wie lautet der Lösungssatz?

	Präsens	Präteritum	Perfekt	Futur
Emilia hat sich verirrt.	W	R	E	O
Er sucht ein Glas.	S	K	L	M
Wird es bald dunkel werden?	A	Z	B	K
Gestern war uns sehr heiß.	G	O	E	I
Die Sonne brennt auf die Erde.	M	F	P	L
In Afrika leben Erdmännchen.	M	J	C	H
Alle Amselküken sind aus dem Nest gefallen.	S	Q	T	N
Letztens ist eine Brücke zusammengebrochen.	P	O	E	I
Hattet ihr schon etwas von der Suppe?	U	I	A	O
Vor zwei Tagen kam ein starker Sturm auf.	T	N	Z	K
Alles liegt kreuz und quer im Zimmer.	K	L	Ö	W
Wir werden neue Autoreifen brauchen.	I	S	U	A
Toni suchte nach dem Wohnungsschlüssel.	F	L	G	H
Wird es wieder ein Wettschwimmen geben?	U	Z	P	T
Das Glück war auf der Seite der Kinder.	A	E	U	O
Hinter den Wolken geht die Sonne unter.	R	W	B	N
Die Ruderboote glitten leise über das Wasser.	M	W	N	L
In der Nacht schrie ein Uhu.	W	I	T	A
Seid ihr schon beim Einkaufen gewesen?	B	S	N	D
Das Gewitter brachte den ersehnten Regen.	F	T	G	H
Die Urlauber werden das Meer vermissen.	J	K	O	E
Ali sagt sein erstes Wort.	R	L	Y	X

Lösungssatz:

__ __ __ __ __ __ __ __ __ __ __ __ __ __ __ __ __ __ __ __ __ __.

© Verlag an der Ruhr | Autorin: Saskia Kistner | ISBN 978-3-8346-6472-3 | www.verlagruhr.de

Verbformen

Schreibe den Merkkasten in dein Heft.
Tipp: Singular = Einzahl, Plural = Mehrzahl

1. Person Singular:	ich	1. Person Plural:	wir
2. Person Singular:	du	2. Person Plural:	ihr
3. Person Singular:	er/sie/es	3. Person Plural:	sie

Schreibe in der angegebenen Personal- und Zeitform in dein Heft.

Beispiel:

1. Person Singular
Präteritum
schreiben
ⓐ

a) ich schrieb

3. Person Plural Perfekt **spielen** ⓑ	1. Person Plural Futur **verreisen** ⓒ	3. Person Singular Perfekt **sein** ⓓ	1. Person Singular Präteritum **rennen** ⓔ
2. Person Singular Perfekt **haben** ⓕ	1. Person Plural Präteritum **fahren** ⓖ	2. Person Singular Präsens **gießen** ⓗ	1. Person Singular Präteritum **lesen** ⓘ
2. Person Plural Futur **feiern** ⓙ	1. Person Plural Präteritum **verschwunden** ⓚ	3. Person Singular Präsens **essen** ⓛ	2. Person Plural Perfekt **werden** ⓜ

© Verlag an der Ruhr | Autorin: Saskia Kistner | ISBN 978-3-8346-6472-3 | www.verlagruhr.de

Sätze bilden

Die Wörter in den Zelten gehören zu einem Satz.
Bilde die Sätze in der angegebenen Zeitform.
Schreibe sie in dein Heft und unterstreiche die Verben.

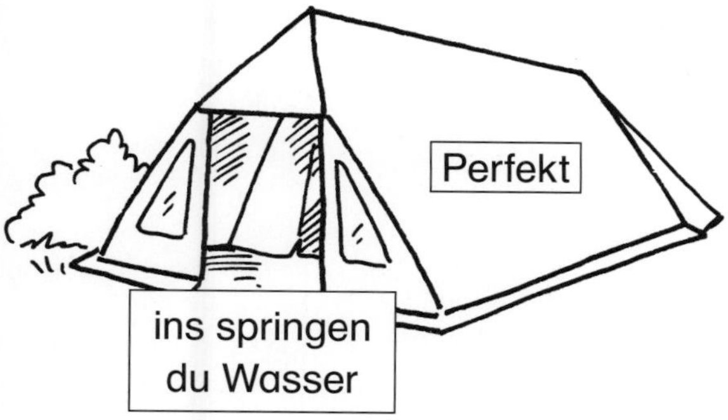

Perfekt

ins springen
du Wasser

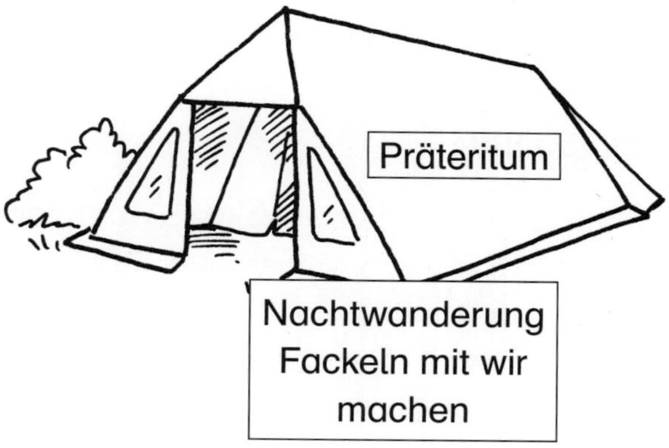

Präteritum

Nachtwanderung
Fackeln mit wir
machen

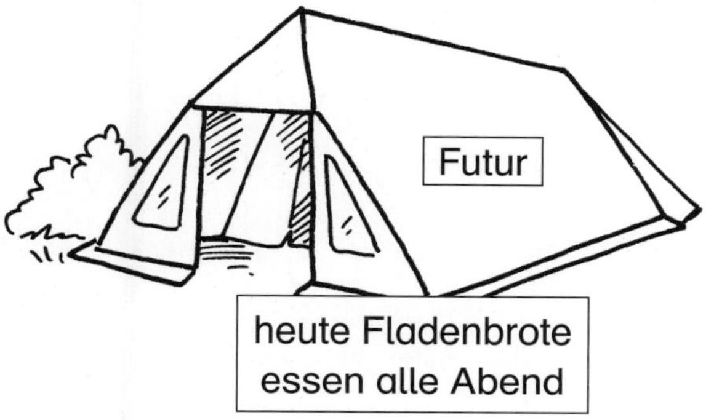

Futur

heute Fladenbrote
essen alle Abend

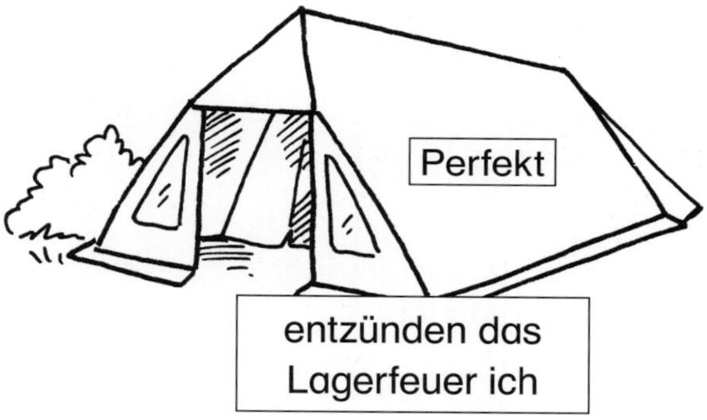

Perfekt

entzünden das
Lagerfeuer ich

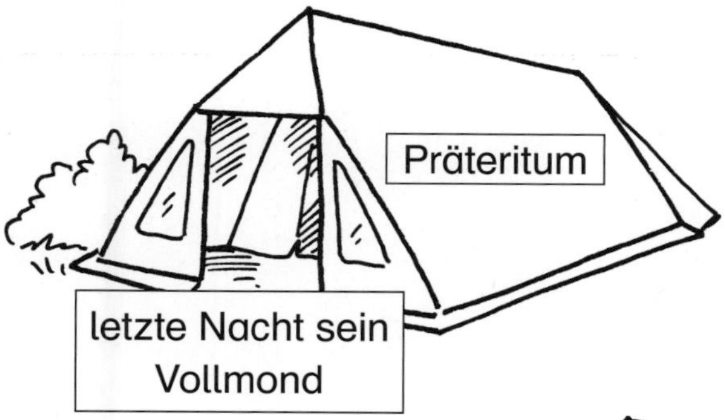

Präteritum

letzte Nacht sein
Vollmond

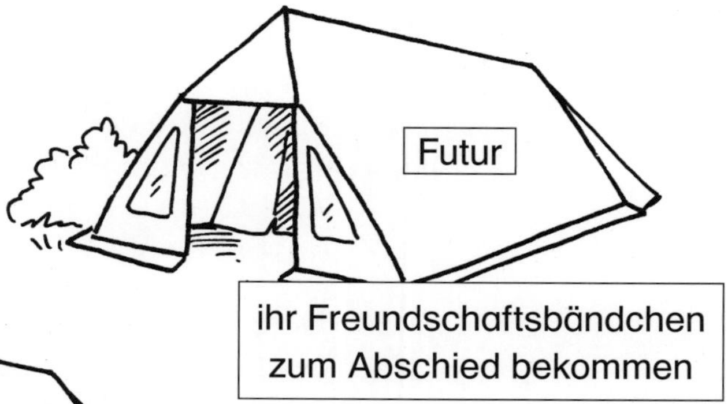

Futur

ihr Freundschaftsbändchen
zum Abschied bekommen

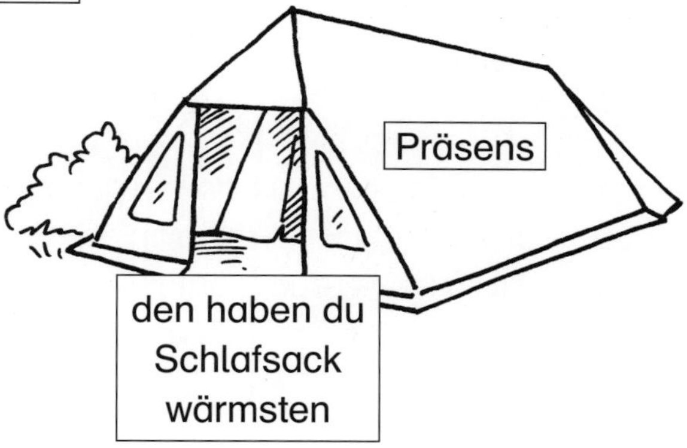

Präsens

den haben du
Schlafsack
wärmsten

© Verlag an der Ruhr | Autorin: Saskia Kistner | ISBN 978-3-8346-6472-3 | www.verlagruhr.de

Zeiten-Mix! Spielanleitung

Du brauchst:

- 2 oder 3 Partnerkinder
- 1 Würfel
- 1 Spielfigur pro Kind
- Spielkarten (S. 47/48)
- Spielfeld (S. 49)

So geht's:

Legt alle Spielkarten verdeckt auf einen Stapel neben das Spielfeld.
Stellt eure Spielfiguren auf das Start-Feld. Das älteste Kind (A) beginnt.
Kind A würfelt und zieht die entsprechende Zahl auf dem Spielfeld vorwärts.
Es landet auf einem der drei verschiedenen Felder (Präteritum, Perfekt oder Futur).
Sein linkes Nachbarkind (B) zieht nun eine Spielkarte und liest Kind A den fett gedruckten Satz im Präsens vor. Kind A muss nun diesen Satz in der Zeitform sagen, die ihm das Feld vorgibt.

Beispiel: Du landest auf diesem Feld: Futur

Dein linkes Nachbarkind zieht diese Karte und liest den fett gedruckten Satz vor: *„Ich spiele mit meinem Freund."*

Ich spiele mit meinem Freund.

Präteritum: Ich spielte mit meinem Freund.
Perfekt: Ich habe mit meinem Freund gespielt.
Futur: Ich werde mit meinem Freund spielen.

Du musst den Satz nun ins Futur setzen:
„Ich werde mit meinem Freund spielen."

Dein Nachbarkind kontrolliert mit der Karte. Hast du den Satz richtig gesagt, darfst du auf dem Feld stehen bleiben und das nächste Kind ist dran mit Würfeln. Hast du den Satz falsch gesagt, musst du zwei Felder zurückgehen.

Gewonnen hat, wer zuerst im Ziel ankommt.

Zeiten-Mix! Spielkarten (1/2)

Ich lese die neuen Comics.

Präteritum: Ich las die neuen Comics.
Perfekt: Ich habe die neuen Comics gelesen.
Futur: Ich werde die neuen Comics lesen.

Du beobachtest die Maus.

Präteritum: Du beobachtetest die Maus.
Perfekt: Du hast die Maus beobachtet.
Futur: Du wirst die Maus beobachten.

Die Hunde bekommen Futter.

Präteritum: Die Hunde bekamen Futter.
Perfekt: Die Hunde haben Futter bekommen.
Futur: Die Hunde werden Futter bekommen.

Wir angeln Fische.

Präteritum: Wir angelten Fische.
Perfekt: Wir haben Fische geangelt.
Futur: Wir werden Fische angeln.

Der Reifen verliert Luft.

Präteritum: Der Reifen verlor Luft.
Perfekt: Der Reifen hat Luft verloren.
Futur: Der Reifen wird Luft verlieren.

Das Holz knistert im Ofen.

Präteritum: Das Holz knisterte im Ofen.
Perfekt: Das Holz hat im Ofen geknistert.
Futur: Das Holz wird im Ofen knistern.

Die Beeren sind köstlich.

Präteritum: Die Beeren waren köstlich.
Perfekt: Die Beeren sind köstlich gewesen.
Futur: Die Beeren werden köstlich sein.

Du sprichst oft vom Meer.

Präteritum: Du sprachst oft vom Meer.
Perfekt: Du hast oft vom Meer gesprochen.
Futur: Du wirst oft vom Meer sprechen.

Ihr besucht die Nachbarn.

Präteritum: Ihr besuchtet die Nachbarn.
Perfekt: Ihr habt die Nachbarn besucht.
Futur: Ihr werdet die Nachbarn besuchen.

Ich gieße die Blumen.

Präteritum: Ich goss die Blumen.
Perfekt: Ich habe die Blumen gegossen.
Futur: Ich werde die Blumen gießen.

Du schüttelst die Decke.

Präteritum: Du schütteltest die Decke.
Perfekt: Du hast die Decke geschüttelt.
Futur: Du wirst die Decke schütteln.

Wir mögen Fladenbrot.

Präteritum: Wir mochten Fladenbrot.
Perfekt: Wir haben Fladenbrot gemocht.
Futur: Wir werden Fladenbrot mögen.

Zeiten-Mix! Spielkarten (2/2)

Der Koch trifft den Lehrling.

Präteritum: Der Koch traf den Lehrling.
Perfekt: Der Koch hat den Lehrling getroffen.
Futur: Der Koch wird den Lehrling treffen.

Wir hüpfen ins Bett.

Präteritum: Wir hüpften ins Bett.
Perfekt: Wir sind ins Bett gehüpft.
Futur: Wir werden ins Bett hüpfen.

Du hast viele Gäste.

Präteritum: Du hattest viele Gäste.
Perfekt: Du hast viele Gäste gehabt.
Futur: Du wirst viele Gäste haben.

Er sieht den Blitz.

Präteritum: Er sah den Blitz.
Perfekt: Er hat den Blitz gesehen.
Futur: Er wird den Blitz sehen.

Die Mücke sticht dich.

Präteritum: Die Mücke stach dich.
Perfekt: Die Mücke hat dich gestochen.
Futur: Die Mücke wird dich stechen.

Die Sonne geht unter.

Präteritum: Die Sonne ging unter.
Perfekt: Die Sonne ist untergegangen.
Futur: Die Sonne wird untergehen.

Sie fahren Zug.

Präteritum: Sie fuhren Zug.
Perfekt: Sie sind Zug gefahren.
Futur: Sie werden Zug fahren.

Der Vogel singt auf dem Ast.

Präteritum: Der Vogel sang auf dem Ast.
Perfekt: Der Vogel hat auf dem Ast gesungen.
Futur: Der Vogel wird auf dem Ast singen.

Ihr sammelt Altpapier.

Präteritum: Ihr sammeltet Altpapier.
Perfekt: Ihr habt Altpapier gesammelt.
Futur: Ihr werdet Altpapier sammeln.

Wir rennen um die Wette.

Präteritum: Wir rannten um die Wette.
Perfekt: Wir sind um die Wetter gerannt.
Futur: Wir werden um die Wette rennen.

Das Wetter ist schön.

Präteritum: Das Wetter war schön.
Perfekt: Das Wetter ist schön gewesen.
Futur: Das Wetter wird schön sein.

Die Kette wird wundervoll.

Präteritum: Die Kette wurde wundervoll.
Perfekt: Die Kette ist wundervoll geworden.
Futur: Die Kette wird wundervoll werden.

© Verlag an der Ruhr | Autorin: Saskia Kistner | ISBN 978-3-8346-6472-3 | www.verlagruhr.de

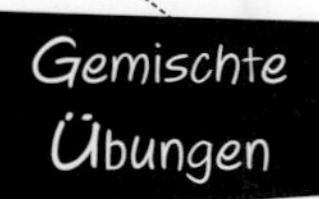

Zeiten-Mix! Spielfeld

Futur

Präteritum

Perfekt

Futur

Perfekt

Präteritum

Perfekt

Futur

Präteritum

Futur

Präteritum

Ziel

Futur

Perfekt

Start

Futur

Präteritum

Perfekt

Präteritum

Futur

Perfekt

Perfekt

Präteritum

Futur

Präteritum

Perfekt

Aufgaben-Icon(s) © Verlag an der Ruhr; Illustrationen: © Eva Spanjardt

© Verlag an der Ruhr | Autorin: Saskia Kistner | ISBN 978-3-8346-6472-3 | www.verlagruhr.de

Schnapp zu! Spielanleitung

Du brauchst:

- 2 oder 3 Mitspieler
- Baum-Karten (S. 51/52)
- Zelt-Karten (S. 53/54)

So geht's:

Suche dir zwei oder drei Partnerkinder.
Legt die Zelt-Karten mit der Schrift nach oben vor euch aus.
Die Baum-Karten legt ihr verdeckt auf einen Stapel. Das jüngste Kind beginnt, zieht eine Baum-Karte und liest zum Beispiel vor:

Alle suchen nun die passende Zelt-Karte:

Wer sie entdeckt, schnappt sie sich und darf sie behalten.
Nun ist das nächste Kind an der Reihe und zieht eine Baum-Karte.

Gewonnen hat, wer am Ende die meisten Zelt-Karten hat.

© Verlag an der Ruhr | Autorin: Saskia Kistner | ISBN 978-3-8346-6472-3 | www.verlagruhr.de

Schnapp zu! Baum-Karten (1/2)

1. Person Singular
von **sein**
im **Perfekt**

Abb.: © Eva Spanjardt

1. Person Singular
von **sein**
im **Präsens**

Abb.: © Eva Spanjardt

1. Person Singular
von **sein**
im **Präteritum**

Abb.: © Eva Spanjardt

1. Person Singular
von **sein**
im **Futur**

Abb.: © Eva Spanjardt

2. Person Singular
von **sein**
im **Perfekt**

Abb.: © Eva Spanjardt

2. Person Singular
von **sein**
im **Präsens**

Abb.: © Eva Spanjardt

2. Person Singular
von **sein**
im **Präteritum**

Abb.: © Eva Spanjardt

2. Person Singular
von **sein**
im **Futur**

Abb.: © Eva Spanjardt

3. Person Singular
von **sein**
im **Perfekt**

Abb.: © Eva Spanjardt

3. Person Singular
von **sein**
im **Präsens**

Abb.: © Eva Spanjardt

3. Person Singular
von **sein**
im **Präteritum**

Abb.: © Eva Spanjardt

3. Person Singular
von **sein**
im **Futur**

Abb.: © Eva Spanjardt

Aufgaben-Icon(s) © Verlag an der Ruhr

© Verlag an der Ruhr | Autorin: Saskia Kistner | ISBN 978-3-8346-6472-3 | www.verlagruhr.de

Schnapp zu! Baum-Karten (2/2)

1. Person Plural
von **sein**
im **Perfekt**

Abb.: © Eva Spanjardt

1. Person Plural
von **sein**
im **Präsens**

Abb.: © Eva Spanjardt

1. Person Plural
von **sein**
im **Präteritum**

Abb.: © Eva Spanjardt

1. Person Plural
von **sein**
im **Futur**

Abb.: © Eva Spanjardt

2. Person Plural
von **sein**
im **Perfekt**

Abb.: © Eva Spanjardt

2. Person Plural
von **sein**
im **Präsens**

Abb.: © Eva Spanjardt

2. Person Plural
von **sein**
im **Präteritum**

Abb.: © Eva Spanjardt

2. Person Plural
von **sein**
im **Futur**

Abb.: © Eva Spanjardt

3. Person Plural
von **sein**
im **Perfekt**

Abb.: © Eva Spanjardt

3. Person Plural
von **sein**
im **Präsens**

Abb.: © Eva Spanjardt

3. Person Plural
von **sein**
im **Präteritum**

Abb.: © Eva Spanjardt

3. Person Plural
von **sein**
im **Futur**

Abb.: © Eva Spanjardt

Aufgaben-Icon(s): © Verlag an der Ruhr

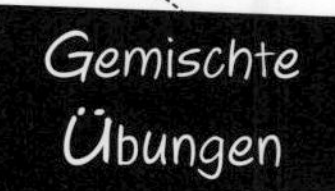

Schnapp zu! Zelt-Karten (1/2)

	ich bin		ich war
	ich bin gewesen		ich werde sein
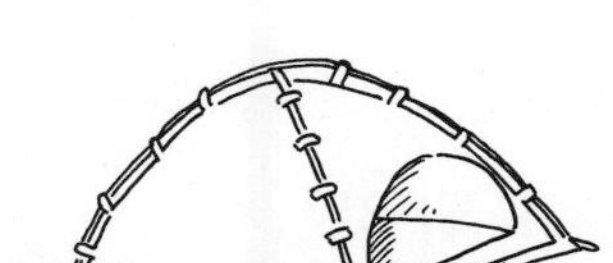	du bist		du warst
	du bist gewesen		du wirst sein
	er/sie/es ist		er/sie/es war
	er/sie/es ist gewesen		er/sie/es wird sein

Abb.: © Eva Spanjardt

Aufgaben-Icon(s) © Verlag an der Ruhr

© Verlag an der Ruhr | Autorin: Saskia Kistner | ISBN 978-3-8346-6472-3 | www.verlagruhr.de

Schnapp zu! Zelt-Karten (2/2)

wir sind

Abb.: © Eva Spanjardt

wir waren

Abb.: © Eva Spanjardt

wir sind gewesen

Abb.: © Eva Spanjardt

wir werden sein

Abb.: © Eva Spanjardt

ihr seid

Abb.: © Eva Spanjardt

ihr wart

Abb.: © Eva Spanjardt

ihr seid gewesen

Abb.: © Eva Spanjardt

ihr werdet sein

Abb.: © Eva Spanjardt

sie sind

Abb.: © Eva Spanjardt

sie waren

Abb.: © Eva Spanjardt

sie sind gewesen

Abb.: © Eva Spanjardt

sie werden sein

Abb.: © Eva Spanjardt

© Verlag an der Ruhr | Autorin: Saskia Kistner | ISBN 978-3-8346-6472-3 | www.verlagruhr.de

LÖSUNGEN

Lösungen

Verben zuordnen

Präteritum

Lies den Text.
Die unterstrichenen Verben stehen im Präteritum (1. Vergangenheit).

Schreibe die Verben zu den passenden Infinitiven (Grundformen).

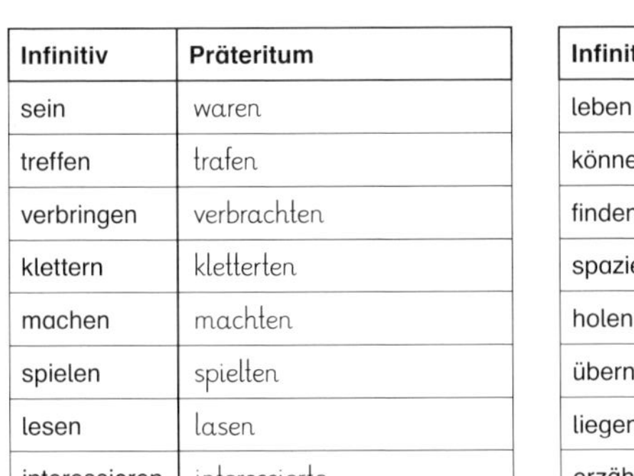

Daria und Luca waren schon seit dem Kindergarten beste Freunde. Sie trafen sich gerne auch nachmittags nach der Schule und verbrachten viel Zeit miteinander.
Meistens kletterten sie dazu in ihr Baumhaus und machten es sich dort mit ein paar Decken und Kissen gemütlich. Dort spielten sie stundenlang Karten- und Brettspiele.
Oft lasen sie aber auch gemeinsam spannende Geschichten über Tiere oder Vergangenes, wie die Steinzeit. Hier interessierte sie besonders, wie die Menschen damals lebten. Dass man damals tatsächlich ohne Strom und fließendes Wasser überleben konnte, fanden sie unvorstellbar.
Immer wieder spazierten sie zusammen zur Stadtbücherei und holten sich neue Bücher. Manchmal übernachteten Daria und Luca auch in ihrem Baumhaus. Sie lagen dann in ihren kuschelig warmen Schlafsäcken und erzählten sich Gruselgeschichten bis tief in die Nacht.

Infinitiv	Präteritum
sein	waren
treffen	trafen
verbringen	verbrachten
klettern	kletterten
machen	machten
spielen	spielten
lesen	lasen
interessieren	interessierte

Infinitiv	Präteritum
leben	lebten
können	konnte
finden	fanden
spazieren	spazierten
holen	holten
übernachten	übernachteten
liegen	lagen
erzählen	erzählten

© Verlag an der Ruhr | Autorin: Saskia Kistner | ISBN 978-3-8346-6472-3 | www.verlagruhr.de

Verben finden

Präteritum

Lies den Text.

Unterstreiche alle Verben. Sie stehen im Präteritum.
Tipp: Du findest die Verben durch die Fragen „Was tat ...?“ oder „Was taten ...?“.

Schreibe die Verben zu den passenden Infinitiven.

An einem besonders heißen Sonnentag gingen Paul und Maya an den Fluss. Dort sprangen sie mit großer Freude ins Wasser. Das Wasser platschte in alle Richtungen. Begeistert quietschten die Kinder über die Abkühlung. Sie spritzten sich gegenseitig nass. Plötzlich spürte Maya einen Stich in ihrem rechten Fuß. Sie schrie. Leicht schwankend, humpelte sie aus dem Wasser Richtung Ufer. In diesem Moment sah Paul, dass sie blutete. Er raste zu Maya und half ihr an Land. Eilig untersuchte Paul ihre Beine.
Als er die Wunde an der Ferse entdeckte, holte er rasch ein Pflaster. Zum Glück hatte er immer welche im Rucksack. Paul versorgte die Wunde vorsichtig. Erleichtert liefen die Kinder dann nach Hause.

Infinitiv	Präteritum
gehen	gingen
springen	sprangen
platschen	platschte
quietschen	quietschten
spritzen	spritzten
spüren	spürte
schreien	schrie
humpeln	humpelte
sehen	sah

Infinitiv	Präteritum
bluten	blutete
rasen	raste
helfen	half
untersuchen	untersuchte
entdecken	entdeckte
holen	holte
haben	hatte
versorgen	versorgte
laufen	liefen

© Verlag an der Ruhr | Autorin: Saskia Kistner | ISBN 978-3-8346-6472-3 | www.verlagruhr.de

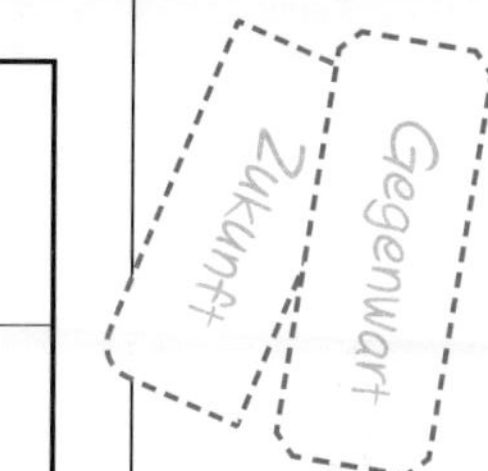

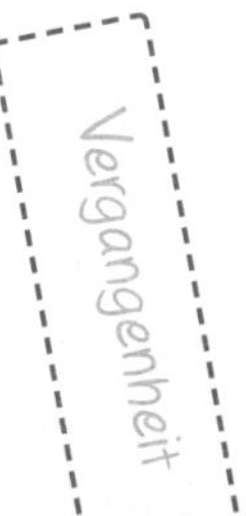

Präteritum

Die Verben „haben" und „werden"

Die Verben „haben" und „werden" musst du dir besonders gut merken.
Du findest sie durch die Fragen „Was tat …?" oder „Was taten …?" *nicht* heraus.
Es sind **unregelmäßige Verben**.

Schreibe die Tabellen in dein Heft und lerne sie auswendig.

haben	
Präsens	**Präteritum**
ich habe	ich hatte
du hast	du hattest
er/sie/es hat	er/sie/es hatte
wir haben	wir hatten
ihr habt	ihr hattet
sie haben	sie hatten

werden	
Präsens	**Präteritum**
ich werde	ich wurde
du wirst	du wurdest
er/sie/es wird	er/sie/es wurde
wir werden	wir wurden
ihr werdet	ihr wurdet
sie werden	sie wurden

Fülle den Lückentext im Präteritum aus.

Schon ein paar Tage ___übten___ (üben) die Kinder die Uhrzeiten in der Schule. Herr Weiße ___malte___ (malen) dafür eine riesige Uhr an die Tafel. Sie ___hatte___ (haben) große, magnetische Zeiger. Immer wieder ___wurde___ (werden) durch Herrn Weiße erklärt, wie man die Zeit ablesen muss. Heute ___hatte___ (haben) er einen Stapel Kartonpapier dabei. Daraus ___bastelten___ (basteln) alle Lernuhren. Die Uhren ___hatten___ (haben) Zeiger in zwei Farben: rot für die Stundenzeiger und blau für die Minutenzeiger. Mit ihnen ___konnten___ (können) die Kinder üben, die Stunden und Minuten richtig einzustellen. Jeden Tag ___wurde___ (werden) das leichter. Viele Kinder ___hatten___ (haben) auch eine Armbanduhr. Sie ___wurden___ (werden) auch zum Ablesen der Zeit benutzt. „Du ___hattest___ (haben) Recht, dass viel Üben hilft!", ___rief___ (rufen) Kira freudig, als ihr Vater sie heute von der Schule ___abholte___ (abholen). Das Lächeln ihres Vaters ___wurde___ (werden) da noch größer.

© Verlag an der Ruhr | Autorin: Saskia Kistner | ISBN 978-3-8346-6472-3 | www.verlagruhr.de

Präteritum

Das Verb „sein"

Das Verb „sein" musst du dir besonders gut merken.
Du findest es durch die Fragen „Was tat …?" oder „Was taten …?" *nicht* heraus.
Auch sind die Personalformen des **unregelmäßigen Verbs** unterschiedlich.

Schreibe die Tabelle in dein Heft und lerne sie auswendig.

sein	
Präsens	**Präteritum**
ich bin	ich war
du bist	du warst
er/sie/es ist	er/sie/es war
wir sind	wir waren
ihr seid	ihr wart
sie sind	sie waren

Die Sätze unten stehen alle im Präsens.

Unterstreiche alle Verben.

Schreibe die Sätze im Präteritum in dein Heft und unterstreiche auch hier alle Verben.

Ich bin direkt neben dir. → Ich war direkt neben dir.

Sie sind manchmal ungeduldig. → Sie waren manchmal ungeduldig.

Du bist als Erster am Bahnhof. → Du warst als Erster am Bahnhof.

Ihr seid oft zu spät dran. → Ihr wart oft zu spät dran.

Am Morgen ist er besonders durstig. → Am Morgen war er besonders durstig.

Nach dem Training sind wir müde. → Nach dem Training waren wir müde.

Hinter dem Rathaus ist der Supermarkt. → Hinter dem Rathaus war der Supermarkt.

Seid ihr beim Klettergerüst? → Wart ihr beim Klettergerüst?

© Verlag an der Ruhr | Autorin: Saskia Kistner | ISBN 978-3-8346-6472-3 | www.verlagruhr.de

Lösungen

Präteritum

Die Verben „haben“, „sein“, „werden“

Die Verben „haben“, „sein“ und „werden“ musst du dir besonders gut merken.
Du findest sie *nicht* durch die Fragen „Was tat …?“ oder „Was taten…?“ heraus.

Beuge die Verben „haben“, „sein“ und „werden“ im Präteritum.

Schreibe sie in dein Heft.
Schreibe so:

haben: ich hatte
du hattest
er/sie/es …

Die folgenden Sätze stehen alle im Präsens.

Unterstreiche alle Verben.

Schreibe die Sätze im Präteritum in dein Heft und unterstreiche auch hier alle Verben.

Ich habe ein neues Buch. → Ich hatte ein neues Buch.
Tom ist sehr nervös. → Tom war sehr nervös.
Die Aufregung wird immer größer. → Die Aufregung wurde immer größer.
Hast du ausreichend Buntstifte? → Hattest du ausreichend Buntstifte?
Ihr habt viele Katzen. → Ihr hattet viele Katzen.
Wir sind am Lagerfeuer. → Wir waren am Lagerfeuer.
Die Kinder werden hungrig. → Die Kinder wurden hungrig.
Die Eltern haben eine Überraschung für uns. → Die Eltern hatten eine Überraschung für uns.
Du bist zu tief im Wasser. → Du warst zu tief im Wasser.
Seid ihr glücklich? → Wart ihr glücklich?
Ich bin sehr enttäuscht. → Ich war sehr enttäuscht.

© Verlag an der Ruhr | Autorin: Saskia Kistner | ISBN 978-3-8346-6472-3 | www.verlagruhr.de

Präteritum

Verben eintragen (1/2)

Unterstreiche alle Verben.

Schreibe die Verben mit dem Infinitiv in die Tabelle. Verben, die doppelt vorkommen, musst du nur einmal eintragen.

Morgens erwachte ich ganz aufgeregt. Es war ein ganz besonderer Tag für mich. Sofort sprang ich aus dem Bett. Ich aß mein Frühstück so schnell ich konnte. Dann starteten wir endlich. Umut und Mia warteten schon am Ende der Straße auf meinen Bruder und mich. Sie waren genauso aufgeregt und grinsten. So schwangen wir uns früh morgens auf unsere Fahrräder und radelten zum Stadtsee. Dort stand schon unsere Trainerin. Heute durften wir endlich allein im Ruderboot auf den See. Kurz erklärte sie uns noch mal alle Regeln und Bewegungsabläufe. Dann stiegen wir in das Viererboot.
Unsere Trainerin stieß uns vom Steg ab. Zuerst ruderten wir langsam. Immer besser gelang es uns, die Ruder ins Wasser zu tauchen. Unser Boot glitt ruhig dahin. Es machte uns großen Spaß. Wir fuhren vier Runden. Nun steuerten wir wieder zum Steg. Dort lobte die Trainerin uns sehr.

Präteritum	Infinitiv	regelmäßiges Verb	unregelmäßiges Verb
erwachte	erwachen	x	
war	sein		x
sprang	springen		x
aß	essen		x
konnte	können		x
starteten	starten	x	
warteten	warten	x	
grinsten	grinsen	x	
schwangen	schwingen		x
radelten	radeln	x	
stand	stehen		x

Präteritum	Infinitiv	regelmäßiges Verb	unregelmäßiges Verb
durften	dürfen		x
erklärte	erklären	x	
stiegen	steigen		x
stieß ab	abstoßen		x
ruderten	rudern	x	
gelang	gelingen		x
glitt	gleiten		x
machte	machen	x	
fuhren	fahren		x
steuerten	steuern	x	
lobte	loben	x	

© Verlag an der Ruhr | Autorin: Saskia Kistner | ISBN 978-3-8346-6472-3 | www.verlagruhr.de

Lösungen

Präteritum

Verben eintragen (2/2)

Unterstreiche alle Verben.

Schreibe die Verben mit dem Infinitiv in die Tabelle.

In den Sommerferien schlichen Ben und Janne eines Morgens aus dem Haus. Die beiden Kinder tapsten in Richtung Fluss. Dort lag ihr neu gebautes Floß am Ufer. Es wartete auf seine erste Fahrt. Janne setzte sich und Ben schob das Floß mit voller Kraft ins Wasser. Sofort erfasste die Strömung das Boot. Ben juchzte laut. Janne dagegen machte sich Sorgen. Ein Stück weiter waren Stromschnellen im Wasser. Schon erreichten sie die gefährliche Stelle. Das Floß ruckelte und knallte gegen einen Felsen. Die Kinder purzelten kopfüber ins Wasser. Prustend schleppten sich die Kinder an Land. Das Floß verschwand hinter der nächsten Kurve. Klatschnass liefen die beiden nach Hause und beichteten ihren Eltern ihr gefährliches Abenteuer.

Präteritum	Infinitiv	regelmäßiges Verb	unregelmäßiges Verb
schlichen	schleichen		x
tapsten	tapsen	x	
lag	liegen		x
wartete	warten	x	
setzte	setzen	x	
schob	schieben		x
erfasste	erfassen	x	
juchzte	juchzen	x	
machte	machen	x	

Präteritum	Infinitiv	regelmäßiges Verb	unregelmäßiges Verb
waren	sein		x
erreichten	erreichen	x	
ruckelte	ruckeln	x	
knallte	knallen	x	
purzelten	purzeln	x	
schleppten	schleppen	x	
verschwand	verschwinden		x
liefen	laufen		x
beichteten	beichten	x	

© Verlag an der Ruhr | Autorin: Saskia Kistner | ISBN 978-3-8346-6472-3 | www.verlagruhr.de

Präteritum

Präsens und Präteritum trennen (1/2)

Hier sind zwei Texte ineinandergeraten!
Ein Text steht im Präsens, der andere Text im Präteritum.

Lies dir das Durcheinander durch.

Unterstreiche die Verben im Präsens gelb.

Unterstreiche die Verben im Präteritum blau. Präsens (——)

Schneide die Textstreifen aus. Präteritum (~~)

Sortiere die Textstreifen und lege die zwei Texte richtig zusammen.

Klebe den Präsens-Text und dann den Präteritum-Text ins Heft.

Juri und Lia sind heute das erste Mal im Kletterkurs. Aufgeregt schlüpfen sie in die

Kletterschuhe. Diese kann man ausleihen. Robert, der Trainer, erklärt, dass die Schuhe

ganz eng am Fuß sitzen. Danach hilft er den beiden, die Klettergurte anzulegen. Nun stehen sie schon vor der Kletterwand. Robert bespricht mit ihnen, wie er

sie mit dem Seil sichert. Lia traut sich, anzufangen, und klettert vorsichtig los. Sie setzt die Hände und Füße immer wieder auf neue Griffe. Schon ist sie oben und gibt das Kommando zum Abseilen.

Unten angekommen, klatscht Juri sie ab: „Gut gemacht!"

Letzten August war Familie Joryk in Südtirol. Sie wohnten auf einem Bergbauernhof. Dort hatten sie jeden Morgen

einen fantastischen Blick in die Berge. Täglich machten sie eine Wanderung. Manchmal waren die Wege sehr felsig und alle mussten

vorsichtig sein. So wanderte Familie Joryk einmal bis auf die Mutspitze. Dieser Gipfel lag oberhalb der Stadt Meran und bot einen herrlichen Blick

über die Stadt und die Landschaft. Alle waren begeistert und freuten sich. Beim Abstieg machten sie Rast in einer Hütte und aßen Kaiserschmarren.

© Verlag an der Ruhr | Autorin: Saskia Kistner | ISBN 978-3-8346-6472-3 | www.verlagruhr.de

Lösungen

Präteritum — Präsens und Präteritum trennen (2/2)

Hier sind zwei Texte ineinandergeraten.
Ein Text steht im Präsens, der andere Text im Präteritum.

- **Lies dir das Durcheinander durch.**
- **Unterstreiche die Sätze im Präsens gelb.** Präsens (____)
- **Unterstreiche die Sätze im Präteritum grün.** Präteritum (~~~~)
- **Schreibe zuerst alle Sätze ins Heft, die im Präsens stehen.**
- **Schreibe dann alle Sätze ab, die im Präteritum stehen.**

Elena hatte letzte Woche Geburtstag. Heute hilft Paolo seiner Tante Inka im Garten. Schon zum Frühstück bekam sie Schokokuchen. Zusammen buddeln sie alte, abgestorbene Pflanzen aus und werfen sie auf den Kompost. In der Schule sang ihre Klasse „Zum Geburtstag viel Glück“. Nachmittags gab es eine Party. Aufgeregt stand Elena um 14 Uhr am Fenster und blickte zur Straße. Das ist anstrengender, als Paolo erwartet hat. Nach einer Stunde sind sie fertig und machen eine Pause mit Wasser und Käsebroten. Endlich kamen ihre Gäste! Mit Nio, Tara, Gustav und Carlo spielte sie viele lustige Spiele. Nun lockern sie den Boden auf und fügen frische Erde hinzu. In einer Pause ließen sich alle Apfelkuchen und Limonade schmecken. Inka holt die Tüte mit den Tulpenzwiebeln. Vorsichtig setzt sie die Zwiebeln in die Erde. Danach führte eine Schatzkarte die Kinder auf den Spielplatz. Eine Tüte reicht nicht, deshalb besorgt Paolo mit dem Fahrrad schnell im Baumarkt noch zwei Tüten. Unter einer alten Eiche lag eine kleine Holzkiste. Um 18 Uhr sind sie fertig. Darin fanden sie für jedes Kind eine Vogelpfeife. Das war ein schöner Abschluss der Party. Als Dankeschön schenkt Inka ihrem fleißigen Helfer ein neues Taschenquiz über Waldtiere.

© Verlag an der Ruhr | Autorin: Saskia Kistner | ISBN 978-3-8346-6472-3 | www.verlagruhr.de

Präteritum — Unregelmäßige Verben

- **Schneide die einzelnen Teile an den gestrichelten Linien aus.**
- **Finde zum Infinitiv die passende Personalform und lege das Domino. Beginne mit Start.**
- **Klebe das Domino auf ein leeres Blatt.**

1 **Start**	2 sprechen	41 es floss	42 dürfen	25 sie mochten	26 raten
47 du schlugst	48 trinken	9 ihr fandet	10 essen	11 sie aßen	12 geben
13 ich gab	14 gehen	23 ihr schwammt	24 mögen	17 wir halfen	18 können
53 wir sahen	54 gefallen	21 er rannte	22 schwimmen	35 er tat	36 sitzen
15 ich ging	16 helfen	27 er riet	28 reiben	29 du riebst	30 tragen
51 sie sprangen	52 sehen	33 du wusstest	34 tun	19 ihr konntet	20 rennen
37 wir saßen	38 lesen	39 ihr last	40 fließen	5 wir begannen	6 denken
55 es gefiel	56 singen	45 sie ritten	46 schlagen	31 sie trug	32 wissen
49 ich trank	50 springen	43 wir durften	44 reiten	3 er sprach	4 beginnen
7 du dachtest	8 finden	57 du sangst	58 vergessen	59 er vergaß	60 **Ende**

© Verlag an der Ruhr | Autorin: Saskia Kistner | ISBN 978-3-8346-6472-3 | www.verlagruhr.de

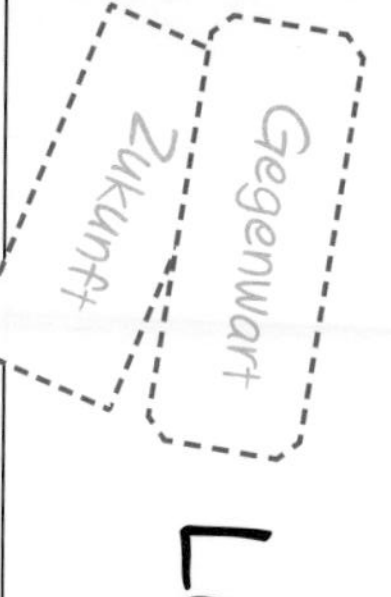

Lösungen

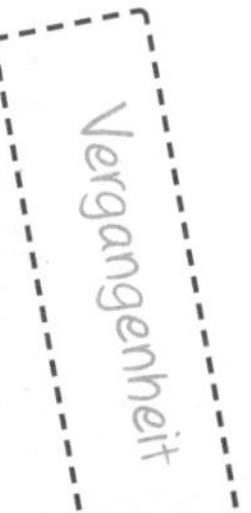

Präteritum

Sätze bilden (1/2)

Bilde aus den Wörtern sinnvolle Sätze.
Achtung, die Verben stehen im Infinitiv! Verändere sie.

Schreibe die Sätze im Präsens und Präteritum auf.

1) Sonnencreme – sein – wichtig – für den Körper – im Sommer

Präsens: Sonnencreme ist im Sommer wichtig für den Körper.

Präteritum: Sonnencreme war im Sommer wichtig für den Körper.

2) die jungen Hasen – füttern – täglich – Lina

Präsens: Täglich füttert Lina die jungen Hasen.

Präteritum: Täglich fütterte Lina die jungen Hasen.

3) Felix und Max – auf die Hefte – viele Sticker – kleben

Präsens: Felix und Max kleben viele Sticker auf die Hefte.

Präteritum: Felix und Max klebten viele Sticker auf die Hefte.

4) ein Kind – eine Mütze – tragen – manchmal

Präsens: Manchmal trägt ein Kind eine Mütze.

Präteritum: Manchmal trug ein Kind eine Mütze.

5) haben – einen langen Hals – Schwäne – immer

Präsens: Schwäne haben immer einen langen Hals.

Präteritum: Schwäne hatten immer einen langen Hals.

6) Kleidungsstücke – bei Festen – oft schick – sein

Präsens: Bei Festen sind Kleidungsstücke oft schick.

Präteritum: Bei Festen waren Kleidungsstücke oft schick.

© Verlag an der Ruhr | Autorin: Saskia Kistner | ISBN 978-3-8346-6472-3 | www.verlagruhr.de

Präteritum

Sätze bilden (2/2)

Bilde aus den Wörtern sinnvolle Sätze.
Achtung, die Verben stehen im Infinitiv. Verändere sie.

Schreibe die Sätze im Präsens und Präteritum auf.

1) sein – Geschichten – bei Groß und Klein – beliebt

Präsens: Geschichten sind bei Groß und Klein beliebt.

Präteritum: Geschichten waren bei Groß und Klein beliebt.

2) lustige Lieder – Adam und Jala – singen – am Lagerfeuer – oft

Präsens: Oft singen Adam und Jala am Lagerfeuer lustige Lieder.

Präteritum: Oft sangen Adam und Jala am Lagerfeuer lustige Lieder.

3) mit Kreide – man – malen – auf einer Tafel

Präsens: Mit Kreide malt man auf einer Tafel.

Präteritum: Mit Kreide malte man auf einer Tafel.

4) gehören – diese Schuhe – meinem Opa

Präsens: Diese Schuhe gehören meinem Opa.

Präteritum: Diese Schuhe gehörten meinem Opa.

5) vom Leben der Ritter – berichten – die alten Bücher

Präsens: Die alten Bücher berichten vom Leben der Ritter.

Präteritum: Die alten Bücher berichteten vom Leben der Ritter.

6) zu Hause – Toni – den Hausschlüssel – vergessen

Präsens: Toni vergisst zu Hause den Hausschlüssel.

Präteritum: Toni vergaß zu Hause den Hausschlüssel.

© Verlag an der Ruhr | Autorin: Saskia Kistner | ISBN 978-3-8346-6472-3 | www.verlagruhr.de

Lösungen

Präteritum – Einen Text umschreiben (1/4)

Der Text steht im Präsens. Die Verben sind unterstrichen.

Schreibe jeweils das Verb im Präteritum darüber.

war
Es ist ein besonders langweiliger Morgen auf dem Bauernhof Nowak.
waren versorgten
Die Eltern sind im Stall und versorgen die Kühe und Schafe. Nio
spielten
und Pia spielen schon seit Stunden miteinander Ball. Doch langsam,
wurde nickten
aber sicher wird ihnen auch das langweilig. Die beiden Kinder nicken
verschwanden sprangen
und verschwinden zu den Pferdekoppeln. Sie springen auf ihre Pferde
ritten
und reiten in Richtung Wald. Am Bach auf der nächsten Wiese
stoppten tränkten hatte
stoppen sie und tränken die Pferde. Pia hat eine tolle Idee:
gefiel gab
ein Wettrennen zum großen Baum. Nio gefällt das. Also gibt er das
preschten
Startsignal. Schnell wie der Wind preschen sie über die Wiese und
sah
den Feldweg entlang. Man sieht nur noch eine Staubwolke. Auf einmal
hüpfte erschreckte
hüpft ein Kaninchen vor ihnen über den Weg und erschreckt Akiro,
sprang stürzte
Pias Pferd. Es springt zur Seite und Pia stürzt auf den Boden. Zum
landete verfolgte
Glück landet sie weich im Gras. Wütend verfolgt das Mädchen ihr
schüttelte nahm
flüchtendes Pferd. Nio schüttelt sich vor Lachen und nimmt auch die
sahen
Verfolgung auf. Nach wenigen Minuten sehen sie Akiro am Waldrand.
stand fraß konnte
Ruhig steht er da und frisst Gras. So kann der Ausritt weitergehen.

© Verlag an der Ruhr | Autorin: Saskia Kistner | ISBN 978-3-8346-6472-3 | www.verlagruhr.de

Präteritum – Einen Text umschreiben (2/4)

Der Text steht im Präsens. Unterstreiche alle Verben.

Schreibe jeweils das Verb im Präteritum darüber.

erwachte war wusste
Mitten in der Nacht erwacht Finn. Irgendetwas ist komisch. Erst weiß
hörte
er gar nicht warum. Dann hört er Wind, Donner und heftigen Regen.
schlich beobachtete
Vorsichtig schleicht er zum Fenster. Er beobachtet den wilden Sturm.
krachte erhellte schlug
Plötzlich kracht es und ein Blitz erhellt den Himmel. Er schlägt in die
schlugen
alte Eiche der Nachbarn ein. Die Flammen schlagen schnell
kreischte gab
meterhoch. Finn kreischt lauthals und gibt so Alarm. Schon
kamen schauten
kommen seine Eltern ins Zimmer. Entsetzt schauen alle in die
blieb holte rief
Flammen. Finns Vater bleibt ruhig. Rasch holt er sein Handy und ruft
beruhigte strich
die Feuerwehr. Die Mutter beruhigt Finn und streicht ihm über den
redete brauste
Kopf. Sanft redet sie mit ihm. Da braust auch schon die Feuerwehr mit
entrollten
ihrem Löschfahrzeug um die Ecke. Routiniert entrollen sie den Wasser-
löschten war
schlauch und löschen das Feuer. Die Eiche ist komplett zerstört. Zum
stand war
Glück steht sie weit weg vom Haus der Nachbarn. So ist das Haus
waren
geschützt. Die Nachbarn sind seit einer Woche im Urlaub. Deshalb
informierte wussten
informiert Finns Vater sie am nächsten Tag. So wissen sie Bescheid
erlebten
und erleben keine unerwartete Überraschung bei der Heimkehr.

© Verlag an der Ruhr | Autorin: Saskia Kistner | ISBN 978-3-8346-6472-3 | www.verlagruhr.de

Lösungen

Vergangenheit

Präteritum – Einen Text umschreiben (3/4)

Der Text steht im Präsens.

Schreibe ihn im Präteritum in dein Heft und unterstreiche die Verben.

In der Schule sprach die Klasse heute über Hobbys. Viele Kinder waren im Sportverein. Dort spielten zwei Jungen und zwei Mädchen Basketball. Elif warf die meisten Körbe. In der Turngruppe lernten sechs Kinder Körperbeherrschung und übten akrobatische Kunststücke, wie Handstand. Wanda, Sina, Franco, Quirin und Coco sahen sich einmal die Woche beim Handwerkskurs. Dort töpferten sie, bearbeiteten Specksteine und stellten Gegenstände aus Holz her. Zaki traf sich zum Kochen und Backen oft mit Lara. Süßspeisen wie Pfannkuchen liebten sie. Zaki kannte von seiner Oma einige Tricks. Der Pfannkuchen wurde durch Eischnee fluffig. Am Ende des Unterrichts herrschte Einigkeit. Ihre Hobbys brachten neue Erfahrungen und oft fand man dabei neue Freunde und Freundinnen.

Fülle den Lückentext im Präteritum aus.

Am Freitag kam (kommen) Finja zu Besuch. Bastian schnitzte (schnitzen) an seinen neuen Pfeilen. Die Kinder gingen (gehen) gerne hinter den Schuppen und übten (üben) dort mit Pfeil und Bogen. Die stumpfen Äste lagen (liegen) schon neben ihm. Es war (sein) harte Arbeit. Schon lange benötigte (benötigen) er neue Pfeile. Ihr letztes Treffen war (sein) vor drei Wochen. Denn Finja wohnte (wohnen) leider zwei Stunden entfernt. Nach drei neuen Pfeilen beendete (beenden) Bastian seine Arbeit. Da hörte (hören) er ein Hupen. Voller Freude sprang (springen) er zur Straße. Endlich war (sein) Finja da! Sofort rannten (rennen) sie in den Garten. Schnell entstand (entstehen) ein Wettstreit unter den Kindern. Aber wie immer hatten (haben) sie viel Spaß und behandelten (behandeln) sich fair.

Präteritum – Einen Text umschreiben (4/4)

Der Text steht im Präsens.

Schreibe ihn im Präteritum in dein Heft und unterstreiche die Verben.

Es war ein regnerischer Herbsttag. Nino und Kea saßen vor dem Fernseher und schauten einen Film. Doch bald war ihnen langweilig und sie wurden schläfrig. Da sprang Nino auf. Er hatte eine Idee. „Lass uns Kekse backen", schlug er vor. Kea stimmte zu. Rasch holten sie ein Backbuch und lasen das Rezept. Ein paar Zutaten fehlten. Mit den Rollern düsten sie zum Supermarkt und kauften ein. Zurück zu Hause wogen sie alles ab. Sie rührten den Teig, rollten ihn aus und stachen die Kekse aus. Nun kam alles für 15 Minuten in den Ofen. Danach kühlten sie die Kekse auf einem Backgitter. Zum Schluss bestrichen die Kinder die Kekse mit flüssiger Schokolade und verzierten sie mit bunten Schokolinsen. Nach kurzer Wartezeit probierte Kea einen Keks und schmunzelte glücklich. Auch Nino aß genüsslich einen Keks.

Fülle den Lückentext im Präteritum aus.

Am Wochenende besuchte (besuchen) Leo seinen Onkel Fabian im Krankenhaus. Er klopfte (klopfen) vorsichtig an der Zimmertür und ging (gehen) dann hinein. Lächelnd saß (sitzen) Fabian im Bett und grüßte (grüßen) ihn. Unter der Bettdecke war (sein) eine dicke Rolle zu sehen. Denn Fabian hatte (haben) wegen eines Autounfalls einen Gips am linken Bein. Leo war (sein) froh, dass Fabian trotzdem gut gelaunt mit ihm redete (reden). Gemeinsam lachten (lachen) sie über Geschichten, die Leo aus der Schule erzählte (erzählen). Da kam (kommen) ein Krankenpfleger herein und kontrollierte (kontrollieren) Fabians Blutdruck. Alles in Ordnung! Dann brachte (bringen) eine Krankenschwester das Abendessen. Leo durfte (dürfen) noch bleiben und Fabians Vanillepudding essen.

Lösungen

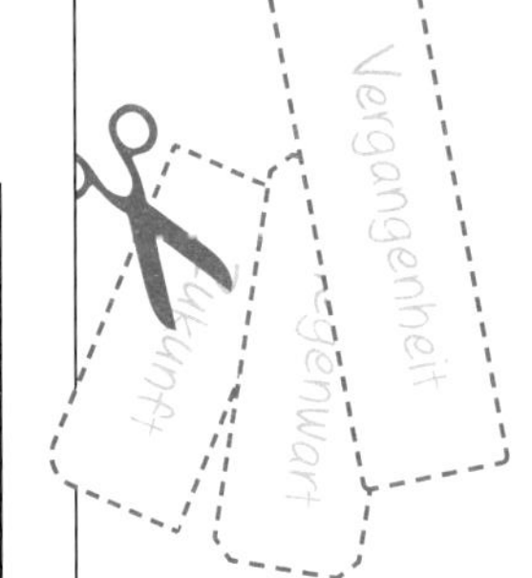

Präteritum – Kreuzworträtsel

Schreibe die Verben im Präteritum für die entsprechende Person in das Kreuzworträtsel.

Wichtig: ß bleibt ß!

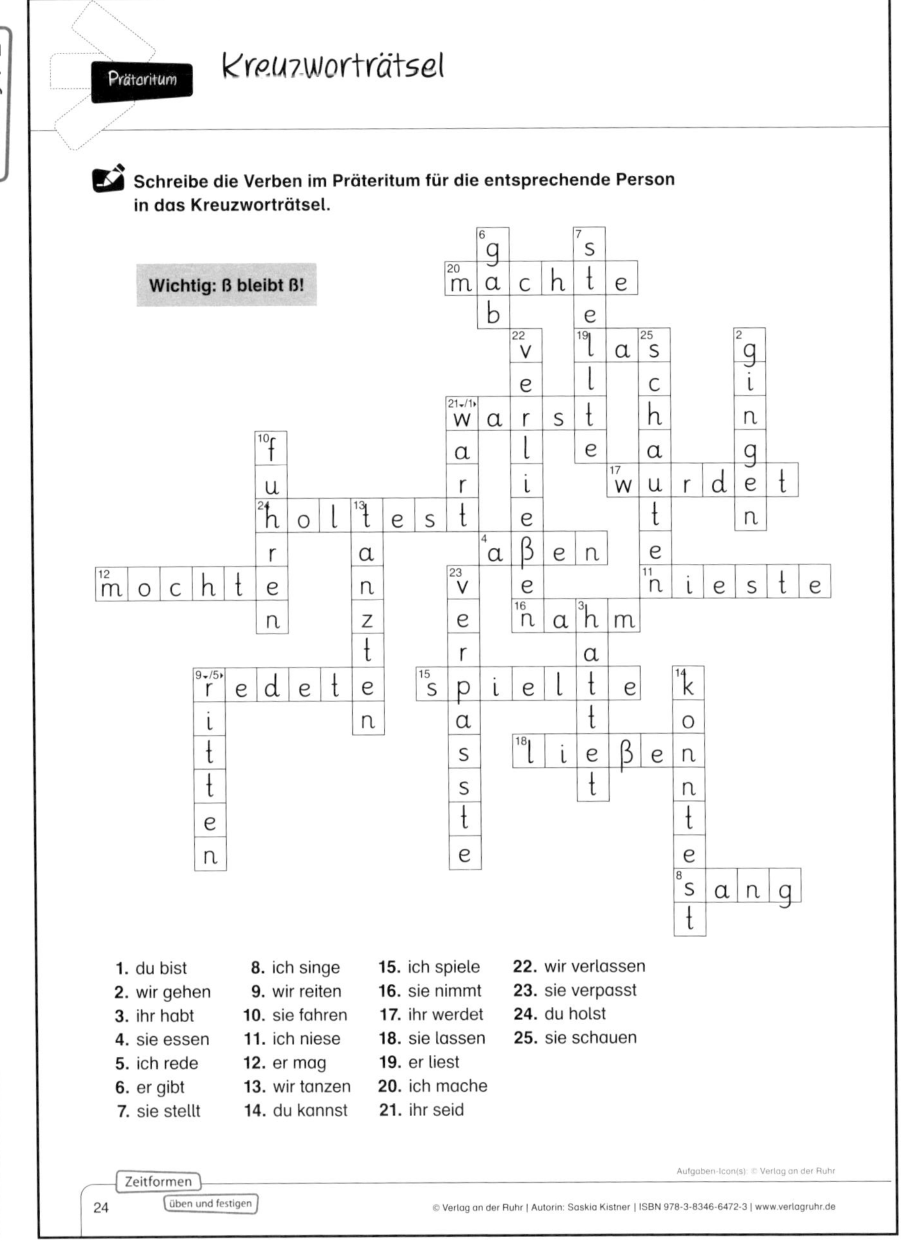

1. du bist
2. wir gehen
3. ihr habt
4. sie essen
5. ich rede
6. er gibt
7. sie stellt
8. ich singe
9. wir reiten
10. sie fahren
11. ich niese
12. er mag
13. wir tanzen
14. du kannst
15. ich spiele
16. sie nimmt
17. ihr werdet
18. sie lassen
19. er liest
20. ich mache
21. ihr seid
22. wir verlassen
23. sie verpasst
24. du holst
25. sie schauen

© Verlag an der Ruhr | Autorin: Saskia Kistner | ISBN 978-3-8346-6472-3 | www.verlagruhr.de

Präteritum – Vorsilben

Im Präteritum werden Verb und Vorsilbe im Satz getrennt.
Beispiel: ausreiten → Emma ritt gerne aus.

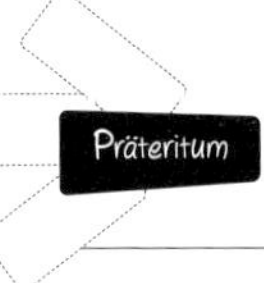

Unterstreiche im Text die Verben im Präteritum. Achte auf Verben mit Vorsilben.

Trage die Verben in die Tabelle ein.

In den Ferien waren Lola und Vida im Zeltlager. Vida wartete vor dem Zelt auf Lola. Diese hatte einen fiesen Plan. In ihrer linken Hand hielt sie eine kleine Blindschleiche fest. Leise und vorsichtig schlich sie sich an. Vida schaute sich schon ungeduldig um. In diesem Moment hielt Lola ihr die Blindschleiche vor die Nase. Entsetzt schrie Vida auf. Sofort fuchtelte sie wild mit den Armen herum. Wütend rannte sie davon. Lola lachte sie aus. „Das war doch nur eine ungefährliche Blindschleiche!", schrie sie ihr hinterher.

Infinitiv	Präteritum
sein	waren
warten	wartete
haben	hatte
festhalten	hielt fest
anschleichen	schlich an
umschauen	schaute um
halten	hielt
aufschreien	schrie auf
herumfuchteln	fuchtelte herum
davonrennen	rannte davon
auslachen	lachte aus
hinterherschreien	schrie hinterher

© Verlag an der Ruhr | Autorin: Saskia Kistner | ISBN 978-3-8346-6472-3 | www.verlagruhr.de

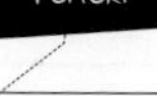

Perfekt

Verben zuordnen

Beim Perfekt werden nur die Hilfsverben „haben“ oder „sein“ gebeugt.
Das Partizip II bleibt immer gleich.

haben:	ich **habe** getanzt	wir **haben** getanzt
	du **hast** getanzt	ihr **habt** getanzt
	er/sie/es **hat** getanzt	sie **haben** getanzt
sein:	ich **bin** gewesen	wir **sind** gewesen
	du **bist** gewesen	ihr **seid** gewesen
	er/sie/es **ist** gewesen	sie **sind** gewesen

Gehört zu dem Verb das Hilfsverb „haben“ oder „sein“? Verbinde.

- **haben:** üben, glühen, denken, finden, lügen, treffen, lachen, kochen
- **sein:** hüpfen, wachsen, kriechen, kommen

Suche dir vier Verben aus:
zwei mit dem Hilfsverb „haben“ und zwei mit dem Hilfsverb „sein“.
Beuge sie in deinem Heft. Unterstreiche die Hilfsverben.

individuelle Lösungen

© Verlag an der Ruhr | Autorin: Saskia Kistner | ISBN 978-3-8346-6472-3 | www.verlagruhr.de

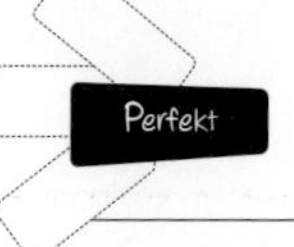

Perfekt

Sätze bilden

Lola erzählt von ihren Abenteuerferien im Zeltlager.
Was hat Lola alles gemacht? Schreibe die Erlebnisse aus den Sprechblasen im Perfekt in dein Heft.

Ich habe mit Blättern Blumenbilder gelegt.

Ich habe gekocht.

Ich bin durch Blätter gelaufen.

Ich habe am Lagerfeuer gesessen.

Lola

Ich habe getanzt.

Ich habe ein Boot gebastelt.

Ich habe ein Zelt aufgebaut.

Ich habe ein Baumhaus gebaut.

© Verlag an der Ruhr | Autorin: Saskia Kistner | ISBN 978-3-8346-6472-3 | www.verlagruhr.de

Perfekt

Lückentext

Fülle den Lückentext in der Zeitform Perfekt aus.

Karim und Tilda sitzen mit ihrer Familie zusammen.
Opa berichtet aus seiner Kindheit:

Als ich 16 Jahre alt war, ... haben ... wir ein großes Familientreffen ... gehabt ... (haben). Am Abend ... habe ... ich mit den Erwachsenen auf der Terrasse des Restaurants ... gesessen ... (sitzen). Während ich mit den anderen den Geschichten meiner Großeltern ... gelauscht habe ... (lauschen), ... sind ... meine kleinen Cousinen und Cousins heimlich zum See ... geschlichen ... (schleichen). Plötzlich ... haben ... wir lautes Geschrei ... gehört ... (hören). Schnell ... sind ... wir den Schreien ... gefolgt ... (folgen) und ... haben ... die aufgeregten Kinder ... entdeckt ... (entdecken). Die Kinder ... haben ... verzweifelt auf den See ... gezeigt ... (zeigen). Ich ... bin ... einfach ins Wasser ... gerannt ... (rennen). Ich ... bin ... untergetaucht ... (untertauchen) und ... habe ... einen Arm zu fassen ... bekommen ... (bekommen). Mit meinem Cousin Fred unter dem Arm ... bin ... ich in Richtung Ufer ... gewatet ... (waten). Erleichtert ... haben ... seine Eltern ihn in die Arme ... geschlossen ... (schließen).

© Verlag an der Ruhr | Autorin: Saskia Kistner | ISBN 978-3-8346-6472-3 | www.verlagruhr.de

Perfekt

Eine Tabelle ergänzen

Fülle die Tabelle vollständig aus.
Achte auf die unterschiedlichen Personalformen.

Infinitiv	Präteritum	Perfekt
gehen	er ging	er ist gegangen
tanzen	wir tanzten	wir haben getanzt
sein	ich war	ich bin gewesen
kommen	sie kamen	sie sind gekommen
lesen	ich las	ich habe gelesen
haben	du hattest	du hast gehabt
fahren	wir fuhren	wir sind gefahren
suchen	ihr suchtet	ihr habt gesucht
befehlen	er befahl	er hat befohlen
brennen	es brannte	es hat gebrannt
waschen	ich wusch	ich habe gewaschen
werden	du wurdest	du bist geworden
legen	sie legten	sie haben gelegt

© Verlag an der Ruhr | Autorin: Saskia Kistner | ISBN 978-3-8346-6472-3 | www.verlagruhr.de

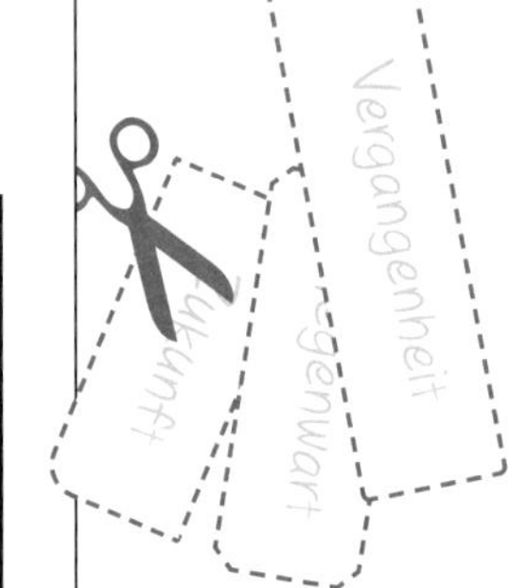

Lösungen

Lösungen

Gegenwart
Zukunft
Vergangenheit

Futur – Verben unterstreichen

Tarek wird bald ein Geschwisterchen bekommen und macht sich Gedanken.

Unterstreiche im Text das Futur.

Ich werde gut für das Baby sorgen.

Wird Mama noch Zeit für mich haben?

Werden wir noch gemeinsam lesen?

Papa und ich werden einen Sandkasten bauen.

Morgen werde ich Mama das Frühstück machen.

Tante Jenni wird eine Decke für das Baby nähen.

Was für einen Namen wird das Baby wohl erhalten?

Ich werde ihm den Spielplatz zeigen.

Werden Mama und das Baby Geschenke bekommen?

Die Hebammen werden Mama bei der Geburt helfen.

Papa wird aufgeregt bei ihr sitzen.

Ich werde meine Eltern zu Hause unterstützen.

Ob das Baby gut schlafen wird?

Futur – Eine Tabelle ergänzen

Trage die Verben von S. 35 in die Tabelle ein und fülle sie aus.

Benutze beim Präteritum immer die „er-Form“.

Infinitiv	Präteritum	Futur
sorgen	er sorgte	werde sorgen
haben	er hatte	wird haben
lesen	er las	werden lesen
bauen	er baute	werden bauen
machen	er machte	werde machen
nähen	er nähte	wird nähen
erhalten	er erhielt	wird erhalten
zeigen	er zeigte	werde zeigen
bekommen	er bekam	werden bekommen
helfen	er half	werden helfen
sitzen	er saß	wird sitzen
unterstützen	er unterstützte	werde unterstützen
schlafen	er schlief	wird schlafen

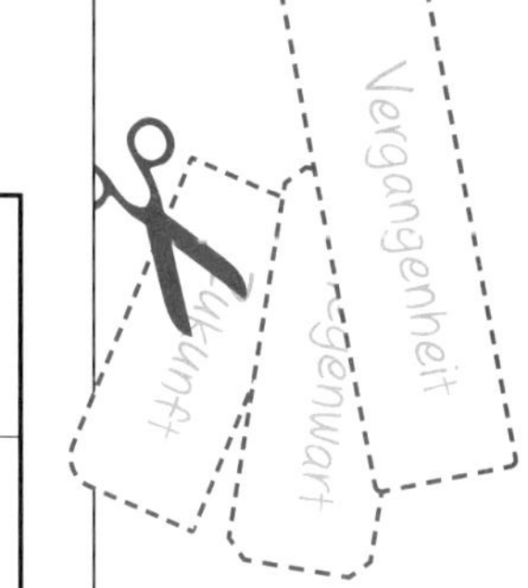

Lösungen

Futur

Lückentext

In den Sätzen unten fehlen die Verben.
Schreibe die Sätze im Futur in dein Heft und ergänze dabei die Lücken.

Unterstreiche die Verben.

Die Klasse 4 c ist im Schullandheim.
Ein paar Kinder stehen zusammen und planen einen Streich:

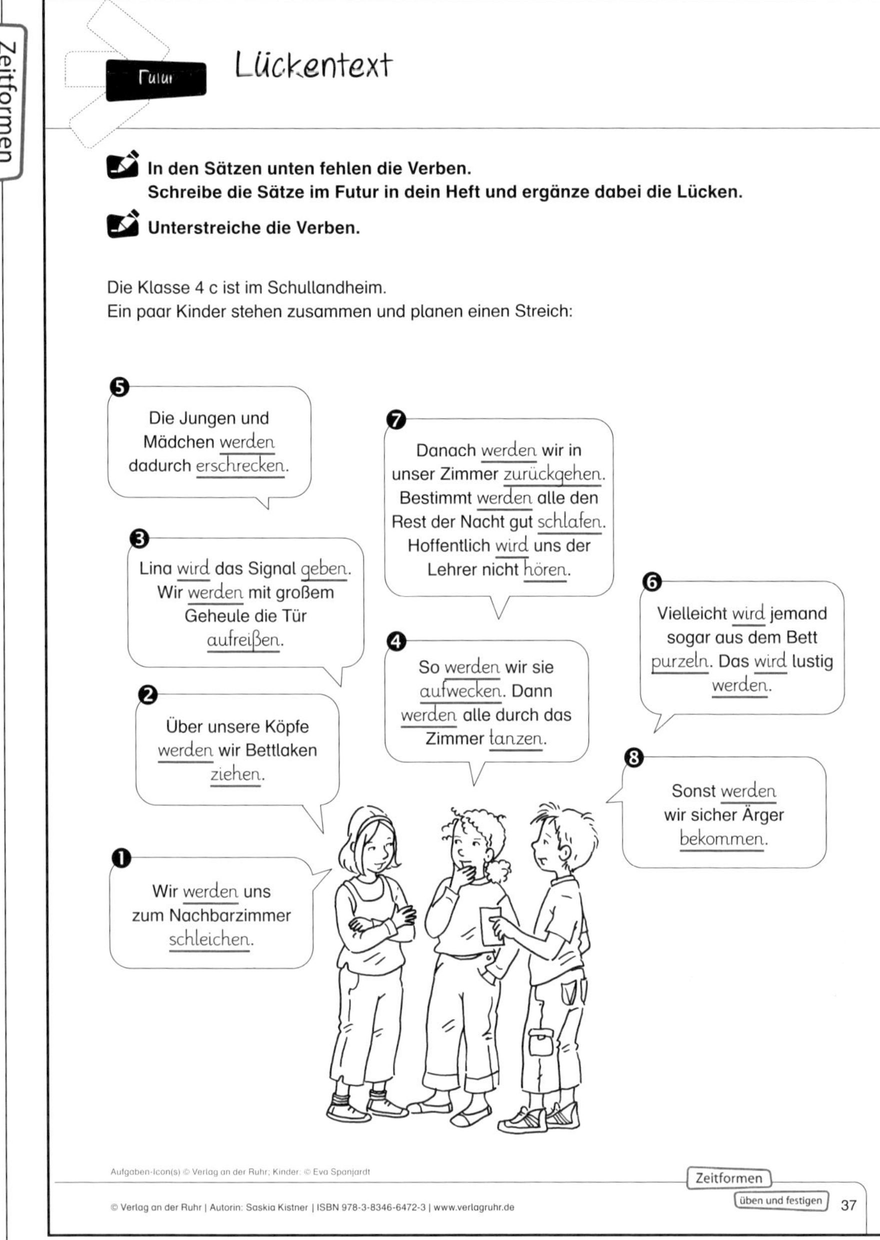

Gemischte Übungen

Die vier Zeiten (1/2)

Übertrage die Sätze in die verschiedenen Zeitformen.

Mathilda .... *(waschen)* ihre Haare.

Präsens	Mathilda wäscht ihre Haare.
Futur	Mathilda wird ihre Haare waschen.
Präteritum	Mathilda wusch ihre Haare.
Perfekt	Mathilda hat ihre Haare gewaschen.

.... *(kochen)* der Vater Gemüse?

Präsens	Kocht der Vater Gemüse?
Futur	Wird der Vater Gemüse kochen?
Präteritum	Kochte der Vater Gemüse?
Perfekt	Hat der Vater Gemüse gekocht?

Wir .... *(essen)* in der Pause.

Präsens	Wir essen in der Pause.
Futur	Wir werden in der Pause essen.
Präteritum	Wir aßen in der Pause.
Perfekt	Wir haben in der Pause gegessen.

Alle .... *(sein)* fröhlich.

Präsens	Alle sind fröhlich.
Futur	Alle werden fröhlich sein.
Präteritum	Alle waren fröhlich.
Perfekt	Alle sind fröhlich gewesen.

Gemischte Übungen

Die vier Zeiten (2/2)

Übertrage die Sätze in die verschiedenen Zeitformen.

Die Jungen ………… *(spielen)* mit dem Hund.

Präsens	Die Jungen spielen mit dem Hund.
Futur	Die Jungen werden mit dem Hund spielen.
Präteritum	Die Jungen spielten mit dem Hund.
Perfekt	Die Jungen haben mit dem Hund gespielt.

………… *(sammeln)* das Mädchen Fußballkarten?

Präsens	Sammelt das Mädchen Fußballkarten?
Futur	Wird das Mädchen Fußballkarten sammeln?
Präteritum	Sammelte das Mädchen Fußballkarten?
Perfekt	Hat das Mädchen Fußballkarten gesammelt?

Ihr ………… *(kommen)* aber sehr spät.

Präsens	Ihr kommt aber sehr spät.
Futur	Ihr werdet aber sehr spät kommen.
Präteritum	Ihr kamt aber sehr spät.
Perfekt	Ihr seid aber sehr spät gekommen.

Du ………… *(helfen)* beim Aufbau.

Präsens	Du hilfst beim Aufbau.
Futur	Du wirst beim Aufbau helfen.
Präteritum	Du halfst beim Aufbau.
Perfekt	Du hast beim Aufbau geholfen.

© Verlag an der Ruhr | Autorin: Saskia Kistner | ISBN 978-3-8346-6472-3 | www.verlagruhr.de

Gemischte Übungen

Lückensätze (1/2)

Fülle die Lücken mit den richtigen Verbformen aus.

Präsens

1. In der Morgensonne schimmert *(schimmern)* das Wasser.
2. Manchmal erzählen *(erzählen)* die Kinder Gruselgeschichten.
3. Machen *(machen)* wir ein Fest?
4. Ihr seid *(sein)* dran, den Tisch zu decken.

Präteritum

1. Im Sommer saß *(sitzen)* er lange draußen.
2. Letztens waren *(sein)* wir am See.
3. Gestern besuchten *(besuchen)* uns die Nachbarn.
4. Ich musste *(müssen)* dringend meine Schuhe putzen.

Perfekt

1. Hast du den Ball gefangen *(fangen)*?
2. Es ist sehr dunkel gewesen *(sein)*.
3. Die Pferde sind blitzschnell galoppiert *(galoppieren)*.
4. Da habt ihr aber Glück gehabt *(haben)*.

Futur

1. Bald werdet ihr Müll im Wald sammeln *(sammeln)*.
2. Wird Nico die Spur finden *(finden)*?
3. Wirst du heute für uns tanzen *(tanzen)*?
4. Die Kinder werden aufgeregt sein *(sein)*.

© Verlag an der Ruhr | Autorin: Saskia Kistner | ISBN 978-3-8346-6472-3 | www.verlagruhr.de

Gegenwart Zukunft Vergangenheit

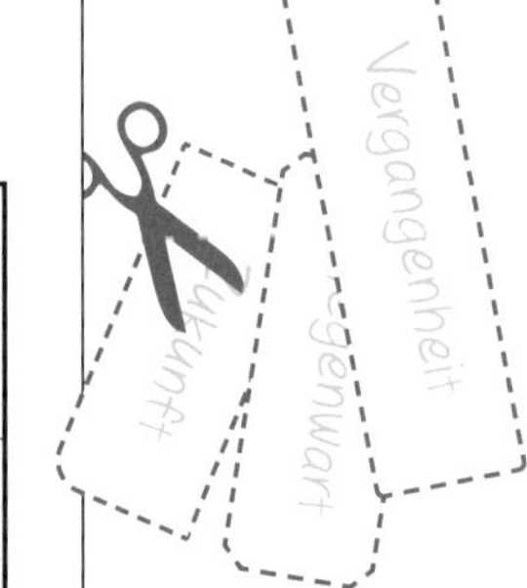

Lösungen

Gemischte Übungen

Lückensätze (7/7)

Fülle die Lücken mit den richtigen Verbformen aus.

Präsens

1. Zum Nachtisch *gibt* (*geben*) es Eis.
2. *Holst* (*holen*) du mir frisches Wasser?
3. *Singen* (*singen*) wir am Abend?
4. Übermorgen *kommen* (*kommen*) meine Freunde.

Präteritum

1. Ida *fuhr* (*fahren*) mit dem Bus.
2. *War* (*sein*) die Schnitzeljagd erfolgreich?
3. Wir *hatten* (*haben*) kein Glück.
4. Danach *warf* (*werfen*) er Steine ins Wasser.

Perfekt

1. Es *ist* mir *gelungen* (*gelingen*).
2. Die Familie *hat* eine Reise *unternommen* (*unternehmen*).
3. *Hast* du Lotte *gefragt* (*fragen*)?
4. *Seid* ihr auf den Baum *geklettert* (*klettern*)?

Futur

1. In zwei Tagen *werden* die Störche *wiederkommen* (*wiederkommen*).
2. Elsa *wird* ihr Fahrrad *putzen* (*putzen*).
3. *Werden* alle rechtzeitig da *sein* (*sein*)?
4. Du *wirst* große Schwester *werden* (*werden*).

© Verlag an der Ruhr | Autorin: Saskia Kistner | ISBN 978-3-8346-6472-3 | www.verlagruhr.de

Gemischte Übungen

Lösungssatz

In welcher Zeitform steht der Satz?
Entscheide dich und kreise den entsprechenden Buchstaben ein.
Trage die Buchstaben der Reihe nach unten ein.
Wie lautet der Lösungssatz?

	Präsens	Präteritum	Perfekt	Futur
Emilia hat sich verirrt.	W	R	(E)	O
Er sucht ein Glas.	(S)	K	L	M
Wird es bald dunkel werden?	A	Z	B	(K)
Gestern war uns sehr heiß.	G	(O)	E	I
Die Sonne brennt auf die Erde.	(M)	F	P	L
In Afrika leben Erdmännchen.	(M)	J	C	H
Alle Amselküken sind aus dem Nest gefallen.	S	Q	(T)	N
Letztens ist eine Brücke zusammengebrochen.	P	O	(E)	I
Hattet ihr schon etwas von der Suppe?	U	(I)	A	O
Vor zwei Tagen kam ein starker Sturm auf.	T	(N)	Z	K
Alles liegt kreuz und quer im Zimmer.	(K)	L	Ö	W
Wir werden neue Autoreifen brauchen.	I	S	U	(A)
Toni suchte nach dem Wohnungsschlüssel.	F	(L)	G	H
Wird es wieder ein Wettschwimmen geben?	U	Z	P	(T)
Das Glück war auf der Seite der Kinder.	A	(E)	U	O
Hinter den Wolken geht die Sonne unter.	(R)	W	B	N
Die Ruderboote glitten leise über das Wasser.	M	(W)	N	L
In der Nacht schrie ein Uhu.	W	(I)	T	A
Seid ihr schon beim Einkaufen gewesen?	B	S	(N)	D
Das Gewitter brachte den ersehnten Regen.	F	(T)	G	H
Die Urlauber werden das Meer vermissen.	J	K	O	(E)
Ali sagt sein erstes Wort.	(R)	L	Y	X

Lösungssatz:

E S   K O M M T   E I N   K A L T E R   W I N T E R.

© Verlag an der Ruhr | Autorin: Saskia Kistner | ISBN 978-3-8346-6472-3 | www.verlagruhr.de

Vergangenheit

Gemischte Übungen

Verbformen

Schreibe den Merkkasten in dein Heft.
Tipp: Singular = Einzahl, Plural = Mehrzahl

1. Person Singular:	ich	1. Person Plural:	wir
2. Person Singular:	du	2. Person Plural:	ihr
3. Person Singular:	er/sie/es	3. Person Plural:	sie

Schreibe in der angegebenen Personal- und Zeitform in dein Heft.

Beispiel: 1. Person Singular, Präteritum, **schreiben** ⓐ

a) ich schrieb

b) 3. Person Plural, Perfekt, spielen → sie haben gespielt

c) 1. Person Plural, Futur, verreisen → wir werden verreisen

d) 3. Person Singular, Perfekt, sein → er/sie/es ist gewesen

e) 1. Person Singular, Präteritum, rennen → ich rannte

f) 2. Person Singular, Perfekt, haben → du hast gehabt

g) 1. Person Plural, Präteritum, fahren → wir fuhren

h) 2. Person Singular, Präsens, gießen → du gießt

i) 1. Person Singular, Präteritum, lesen → ich las

j) 2. Person Plural, Futur, feiern → ihr werdet feiern

k) 1. Person Plural, Präteritum, verschwinden → wir verschwanden

l) 3. Person Singular, Präsens, essen → er/sie/es isst

m) 2. Person Plural, Perfekt, werden → ihr seid geworden

Gemischte Übungen

Sätze bilden

Die Wörter in den Zelten gehören zu einem Satz.
Bilde die Sätze in der angegebenen Zeitform.
Schreibe sie in dein Heft und unterstreiche die Verben.

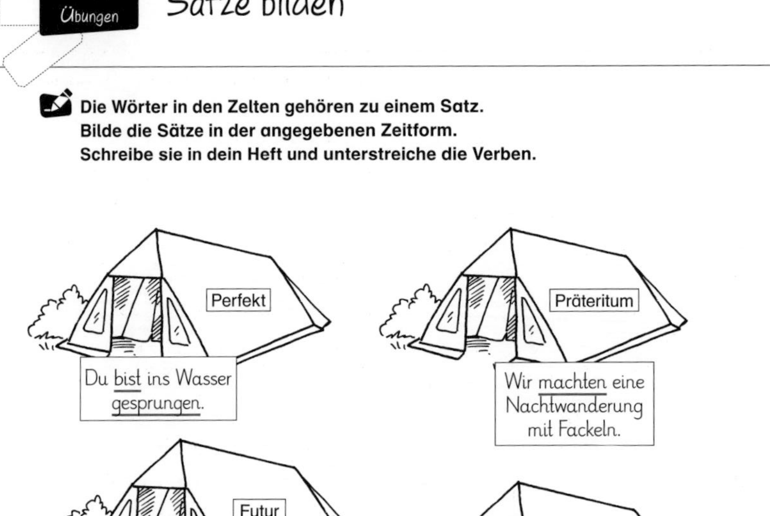

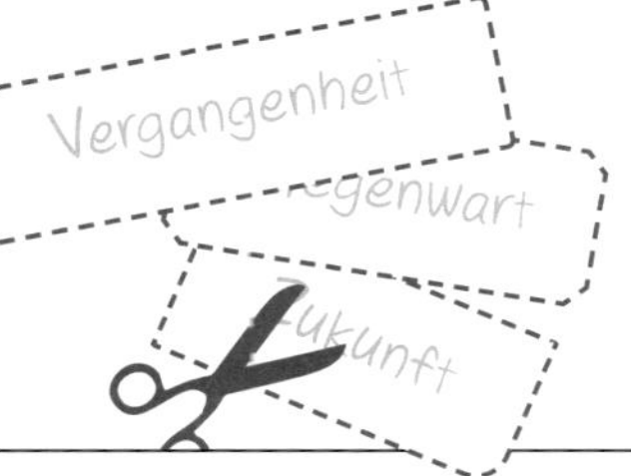
Vergangenheit
Gegenwart
Zukunft